Urban Open Space +

Strategies inbetween Architecture and Open Space Planning
Strategien zwischen Architektur und Freiraumplanung

Urban Open Space+

Strategies inbetween
Architecture and
Open Space Planning

Strategien zwischen
Architektur und
Freiraumplanung

Carolin Mees
(Ed./Hg.)

How can urban spaces remain "open" spaces that can be adapted in the way they are used and designed to the changing needs of the residents using them?

How can urban open spaces be designed in a participatory and collaborative way with add-on elements to provide responses to a variety of uses depending on the changing demands of people over time?

How can urban spaces ultimately remain open as a land use form with varying "add-ons" *and* as a fixed component of the urban environment, and, as such, as part of a resilient urban development?

Urban residents have demonstrated their will and determination to access open spaces in the city and to use these spaces participatively and collaboratively as a shared land use form: they have fought to improve their quality of life through access to open spaces, like in New York City starting in the 1970s; they have organized themselves to protect their open spaces against efforts of local governments to replace them with housing and other uses; they have participatively adjusted the design of their open spaces according to the neighborhood's preferences over time; they have tended to their spaces, maintained them, and kept them open for the larger public. And they have grown food, biomaterials, and medicinal herbs on their lots, given surplus produce away to friends and neighbors, or sold it at on-site farmers' markets. They have organized cultural events, harvested rainwater and solar energy, and have transformed waste through recycling and composting. In short, shared urban open spaces have become sustainable anchor points in the neighborhood that respond to the diverse social, cultural, energy, material, and food production/supply needs and preferences of the urban population.

With resources becoming scarce during the current global climate crisis, it becomes obvious: commonly used open spaces are accessible land uses, open for a variety of life-sustaining functions from food production to rainwater collection. Thus ultimately, urban open spaces are resilient spaces on demand. They allow the urban population to adjust in times of crisis and of changing realities. Consequently, shared urban open spaces should be provided to all residents and included in a rights-based, participatory, and sustainability-focused urban and open space planning process for the benefit of the urban population of future resilient cities.

This book investigates the thesis that, to be responsive to needs and preferences of the urban population, urban open spaces need to allow for a variety of "add-ons" which can adapt to and mitigate climate change effects, and which can continue to be added or subtracted depending on these changing respective needs and preferences over time. These add-ons form the "urban open space+" and include social, cultural, economic, and ecological responses that are interwoven with the needs and preferences of the neighborhood, foster interdependencies and interchange between the urban open space and the neighborhood, and thus contribute to the resilience and sustainability of the urban open space, the neighborhood and the larger urban environment.

Wie können urbane Räume „freie" Räume bleiben, die sich in ihrer Nutzung und ihrem Design an die sich verändernden Bedürfnisse der sie nutzenden Anwohner*innen anpassen lassen?

Wie können urbane Freiräume auf eine partizipative und kollaborative Art mit Add-on-Elementen gestaltet werden, um Antworten auf vielfältige Nutzungen zu geben, die von den sich verändernden Bedürfnissen der Menschen über längere Zeit hinweg abhängen?

Wie können urbane Räume schließlich eine offene Landnutzung mit sich verändernden Add-ons *und* ein fester Bestandteil der städtischen Umgebung bleiben, und, als solche, Teil einer resilienten Stadtentwicklung?

Stadtbewohner*innen haben ihren Willen und ihre Entschlossenheit bewiesen, auf Freiräume in der Stadt zuzugreifen und sich diese Räume partizipativ und kollaborativ als gemeinsame Landnutzungsform zumindest temporär anzueignen: Sie haben dafür gekämpft, ihre Lebensqualität durch den Zugang zu Freiräumen zu verbessern, wie in New York seit den 1970er-Jahren; sie haben sich organisiert, um ihre Freiräume gegen die Versuche der lokalen Regierungen, diese durch Wohnraum und andere Nutzungen zu ersetzen, zu verteidigen; sie haben gemeinsam das Design ihrer Freiräume entsprechend der Vorlieben der Nachbarschaft über die Zeit angepasst; sie haben sich um ihre Räume gekümmert, sie gepflegt, und sie für die größere Öffentlichkeit zugänglich gehalten. Und sie haben Nahrungsmittel, Biomaterialien und medizinische Kräuter auf ihren Grundstücken angebaut, Überschuss an landwirtschaftlichem Erzeugnis an Freund*innen und Nachbar*innen abgegeben oder vor Ort auf Bauernmärkten verkauft. Sie haben kulturelle Events organisiert, Regenwasser und Sonnenenergie gesammelt, und Abfall durch Recycling und Kompostieren umgewandelt. Kurz: Gemeinsam genutzte Freiräume sind nachhaltige Ankerpunkte in der Nachbarschaft, die auf die unterschiedlichen sozialen, kulturellen, energie-, material-, nahrungsmittelproduktions- und nahrungsmittelversorgungsbezogenen Bedürfnisse und Vorlieben der Stadtbevölkerung eingehen.

Da Ressourcen während der derzeitigen globalen Klimakrise knapp werden, ist es offensichtlich: Insofern als gemeinsam genutzte Freiräume zugängliche Landnutzungen sind – offen für eine Vielfalt von lebenserhaltenden Funktionen von Nahrungsmittelproduktion bis Regenwassersammlung –, sind urbane Freiräume letztlich resiliente Räume auf Nachfrage. Sie erlauben es der Stadtbevölkerung, sich in Zeiten von Krisen und sich verändernden Realitäten anzupassen. Folglich sollten gemeinsam genutzte Freiräume allen Anwohner*innen zur Verfügung gestellt werden und zum Vorteil der Stadtbevölkerung in einen rechtebasierten, partizipativen und auf Nachhaltigkeit fokussierten Stadt- und Freiraumplanungsprozess für zukünftige resiliente Städte einbezogen werden.

Dieses Buch untersucht die These, inwiefern urbane Freiräume im Sinne der Bedürfnisse und Vorlieben der Stadtbevölkerung eine Vielfalt an Add-ons zulassen müssen, die an die Auswirkungen des Klimawandels angepasst sind und diese abmildern können

The book is set up as an action- and participation-driven "field labora-
tory" that gathers 15 experts of the inter- and transdisciplinary field
of the social and spatial disciplines of architecture, landscape architecture, social science, geography, and urban planning around the investigation of the book's thesis and relates their spectrum of micro to
macro perspectives in academic and opinion papers to obtain a representative sample of various strategies for architecture, urban, and
open space development. In line with this investigation, the book's five
chapters focus on the urban open space for the production of social
and economic resources, of food, water, energy, and materials, and also
on the case study of urban open spaces in Berlin. The case study
is chosen with a focus on Berlin, since this city presents a great variety
of shared urban open spaces with add-ons – and as such is the focus
of my corresponding research as a senior research fellow supported
by the Alexander von Humboldt Foundation and the Institute of
Landscape Architecture and Open Space Planning at the Technical
University Berlin.

In conclusion, through its transdisciplinary discussion, the book
aims to represent strategies for an understanding of open spaces as
dynamic, complex, multi-coded, and yet fixed urban spaces that allow
for future adaptations, subtractions, and change generated through
a variety of add-ons, which function as components of continuously
transformative, urban processes that are especially necessary in
the current crises of climate change and social inequality faced by
urban populations.

Thank you

I would like to thank the Alexander von Humboldt Foundation,
Professor Undine Giseke of the Institute of Landscape Architecture
and Open Space Planning at the Technical University Berlin, and
the authors for the support of and contribution to this publication.

Carolin Mees,
Editor

und die fortdauernd ergänzt oder reduziert werden sollten, in Abhängigkeit davon, wie sich die jeweiligen Bedürfnisse und Vorlieben über die Zeit hinweg verändern. Diese Add-ons bilden den *Urban Open Space+* und beziehen soziale, kulturelle, ökonomische und ökologische Antworten ein, die mit den Bedürfnissen und Vorlieben der Nachbarschaft verwoben sind, Wechselbeziehungen und Austausch zwischen urbanen Freiräumen und der Nachbarschaft stärken und dadurch zur Resilienz und Nachhaltigkeit des urbanen Freiraums, der Nachbarschaft und der größeren Stadtumgebung beitragen.

Das Buch ist wie ein durch Aktion und Beteiligung angetriebenes „Feldlabor" aufgebaut, das 15 Expert*innen aus dem inter- und transdisziplinären Feld der sozialen und räumlichen Disziplinen Architektur, Landschaftsarchitektur, Sozialwissenschaften, Geografie und Stadtplanung zur Untersuchung der These des Buchs versammelt und das ihr Spektrum an Mikro- bis Makroperspektiven in wissenschaftlichen Texten und Stellungnahmen in Beziehung setzt, um ein repräsentatives Muster verschiedener Strategien für Architektur, Stadt- und Freiraumplanung zu erhalten. Entsprechend dieser Untersuchung fokussieren die fünf Kapitel des Buchs auf urbane Freiräume für die Produktion sozialer und wirtschaftlicher Ressourcen, von Nahrungsmitteln, Wasser, Energie und Materialien sowie auf eine Fallstudie zu urbanen Freiräumen in Berlin. Die Fallstudie mit Fokus auf Berlin wurde ausgewählt, weil diese Stadt eine große Vielfalt an gemeinsam genutzten Freiräume mit Add-ons aufweist – und dementsprechend im Fokus meiner Forschung als Senior Research Fellow mit Unterstützung der Alexander von Humboldt-Stiftung und des Fachgebiets Landschaftsarchitektur und Freiraumplanung an der Technischen Universität Berlin liegt.

In der Zusammenfassung zielt das Buch durch seine inter- und transdiziplinäre Diskussion darauf ab, Strategien für ein Verständnis von Freiräumen als dynamische, komplexe, multi-kodierte und dennoch fixierte urbane Räume zu präsentieren, die zukünftige Adaptionen, Subtraktionen und Wandel erlauben, der durch eine Vielfalt an Add-ons generiert wird. Diese Add-ons funktionieren als Komponenten von kontinuierlich transformativen urbanen Prozessen, die besonders angesichts der gegenwärtigen Krisen von Klimawandel und sozialer Ungleichheit notwendig sind, mit denen sich die Stadtbevölkerung konfrontiert sieht.

Danke

Ich möchte mich bei der Alexander von Humboldt-Stiftung, bei Professorin Undine Giseke vom Fachgebiet Landschaftsarchitektur und Freiraumplanung der Technischen Universität Berlin und den Autor*innen für ihre Unterstützung und die Beiträge zu dieser Publikation bedanken.

Carolin Mees,
Herausgeberin

Berlin, March 2021

At some point, they became a fixed feature in cities: productive open spaces where action has an impact. This book discusses these open spaces.

In their basic understanding, these spaces have a different connotation than the public space that we define as a constitutive element of the European city and which we idealize as an urban stage. Productive open spaces, unlike parks, do not understand themselves as alternatives to the city or as places for just leaning back passively. Quite the contrary, they are spaces that encourage action, which in turn initiates both social and material processes that dissolve boundaries in more ways than one. The impact of action undertaken in such spaces touches on very many levels.

As an example, take the boundaries between the private and public sphere. Productive open spaces go some way towards removing reproduction from the private sphere. The garden becomes a public element of urban society and of neighborhoods. At a very different level, productive open spaces create actions with impact by directing attention towards the potentials of spaces in the city that have not been exploited to their full. They connect to and settle into the urban environment, either temporarily or permanently. Via cooperation networks they generate spatial networks between the cities and their surroundings and contribute towards breaking down spatial and cultural boundaries between the city and the countryside.

At the same time, they impact us at the level of our physical body. They allow us to become physically active and make it possible for us to address things in a very practical way in the sense of producing and designing. It is precisely this concrete manner of action that serves as a starting point for communication and social interaction. In this way, such spaces possess socio-material linkage qualities that are missing in the conventional public space and perhaps even contradict it at its core. And the spaces are also physical in another sense: as spaces for urban food production, they touch the human metabolism in a very direct way. They make us engage with what we consume and what remains as waste. They help us explore material flows on both an individual and urban scale. This makes them connectors at the material level.

Many of the projects mentioned in this book and the transformation process they have stimulated have a systemic approach. They network a great number of spaces, places, actors, and processes, and they overcome the situation of settling in one dimension alone. And even if only in the form of micro-utopias, they manifest moments of an alternative ethical mindset concerning the design of socio-natural contexts.

For some time now, Carolin Mees has been focusing her work as a researcher and practicing architect on understanding this spatial phenomenon and on the active production that takes place in such spaces. Most recently active in New York, she has never lost sight of the developments taking place in Berlin. A research grant from the

Berlin, im März 2021

Irgendwann war er aus den Städten einfach nicht mehr wegzudenken: der Typus des produktiven Freiraumes mit Handlungswirksamkeit. Von diesen Freiräumen wird in diesem Buch die Rede sein.

In ihrem Grundverständnis sind diese Räume anders konnotiert als der öffentliche Raum, den wir als konstitutives Element der Europäischen Stadt definieren und als ihre Bühne idealisieren. Produktive Freiräume verstehen sich auch nicht wie Parks als Gegenwelten zur Stadt und Orte des passiven Sich-zurück-Lehnens. Es geht vielmehr um Räume, die zum Handeln anregen, die soziale wie materielle Prozesse initiieren, die in mehrfacher Hinsicht Grenzen auflösen. Die Handlungswirksamkeit dieser Räume berührt sehr vielfältige Ebenen.

Nehmen wir als Beispiel die Grenzen zwischen der privaten und der öffentlichen Sphäre. Ein Stückchen weit wird mit den produktiven Freiräumen die Reproduktion aus der Sphäre des Privaten befreit. Der Garten wird zu einem öffentlichen Element der Stadtgesellschaft und der Nachbarschaft. Auf einer ganz anderen Ebene erzeugen produktive Freiräume Handlungswirksamkeit, indem sie den Blick auf nicht ausgeschöpfte Flächenpotenziale der Stadt richten. Sie docken sich an und lagern sich ein, temporär oder dauerhaft. Sie generieren über Kooperationsnetzwerke Raumnetzwerke zwischen den Städten und ihrem Umland und tragen dazu bei, räumlich und kulturell gezogene Grenzen zwischen Stadt und Land porös zu machen.

Sie berühren zugleich den Maßstab des eigenen Körpers. Sie lassen uns handgreiflich werden und ermöglichen es, sich ganz praktisch mit Dingen im Sinne des Produzierens und des Gestaltens zu befassen. Und genau dieser konkrete Akt des Handelns wird zum Ausgangspunkt der Kommunikation und sozialen Interaktion. Damit verfügen diese Räume über Formen sozial-materieller Verknüpfungsqualitäten, die dem klassischen öffentlichen Raum fehlen, ja ihm im Kern vielleicht sogar widersprechen. Die Orte sind körperlich noch in einer anderen Hinsicht: Als Orte der urbanen Nahrungsproduktion berühren sie den menschlichen Stoffwechsel unmittelbar. Es geht um das, was wir in uns aufnehmen, und das, was als Abfall übrigbleibt. Es geht um eine Auseinandersetzung mit Materialflüssen im individuellen wie im urbanen Maßstab. So werden sie auch zu Konnektoren auf der materiellen Ebene.

Viele der in diesem Buch genannten Projekte und die durch sie stimulierten Transformationsprozesse sind systemisch angelegt. Sie vernetzen eine Vielzahl von Räumen, Orten, Akteur*innen, Prozessen und Überwinden ein Einnisten in nur einem Maßstab. Wenn auch in der Form von Mikroutopien, so manifestieren sich in ihnen Momente einer anderen Ethik zur Gestaltung sozial-natürlicher Zusammenhänge.

Carolin Mees hat dem Verstehen dieses Raumphänomens und der aktiven Produktion dieser Räume schon seit Langem ihre Aufmerksamkeit als Forscherin und als tätige Architektin gewidmet.

Alexander von Humboldt Foundation has now made it possible for her to once again delve more deeply into developments in the city and tobroaden the research perspective to include material, systemic, and metabolic aspects. The Alexander von Humboldt Foundation deserves our explicit thanks for making two years of fruitful and inspiring cooperation possible.

Undine Giseke

Zuletzt schwerpunktmäßig in New York tätig, hat sie die Entwicklungen in Berlin nie aus den Augen verloren. Ein Forschungsstipendium der Alexander von Humboldt-Stiftung ermöglichte es nun, erneut tief in die Entwicklungen dieser Stadt einzutauchen und die Untersuchungsperspektiven um materielle, systemische und metabolische Aspekte zu erweitern. Der Alexander von Humboldt-Stiftung gilt an dieser Stelle unser ausdrücklicher Dank dafür, dass sie zwei Jahre einer fruchtbaren und inspirierenden Zusammenarbeit ermöglicht hat.

Undine Giseke

1 Production of Social Resources in the City

Produktion von sozialen Ressourcen in der Stadt

Collaborative Production of Transformation Knowledge in Self-organized Urban Spaces

Kathrin Wieck

Purpose and Context

This paper concentrates on workshop activities in the Solano Trindade occupation in Duque de Caxias in the Rio de Janeiro metropolitan region. The occupation was initiated by the Brazilian social movement for the struggle for housing (Movimento Nacional de Luta pela Moradia, MNLM) and is rooted in Brazilian law. According to the city statute, the occupation of abandoned public spaces and buildings is permitted by law if the purpose of the occupation is residential, socio-cultural, and economic development.

Examples of collaborative urbanism—supported by the German Academic Exchange Service (DAAD) and coordinated by the author primarily in collaboration with architects and urban planners from the Technical University Berlin (TUB), the Brandenburg Technical University Cottbus-Senftenberg (BTU), and the Universidade Federal do Rio de Janeiro (UFRJ)—include two workshops held to date in Solano Trindade: a German-Brazilian summer school in 2018 and an international alumni workshop in 2019.[1] The two workshops were each organized to take place over ten days on location. In terms of method, they followed the model of collaborative, interactive, and transdisciplinary knowledge production. Both academics and practitioners were involved in the various activities. The network was comprised of scientists and students from the spatial disciplines of the involved German universities, TUB and BTU, and the UFRJ. The alumni workshop was also attended by an interdisciplinary group of alumni from Latin America. This interdisciplinary network worked in conjunction with civil society actors: activists from MNLM, representatives of socio-technical initiatives (Catálise network with a focus on self-organized building methods and social economies, MUDA network: a research group focusing on agro-ecological solution approaches), and the residents of Solano Trindade.

The workshop activities were integrated into an existing network at the location that had formed with the inception of the occupation. In 2014, a group from MNLM initially occupied a vacant building on a formerly privately-owned, abandoned, and wooded plot 45,000 square meters in size. Currently, about 100 families are registered for a residential project as part of a state-sponsored social housing program and assisted by MNLM. Conversions of existing buildings and new housing for additional families is planned for the same space. Since 2016, the Faculty of Architecture and Urbanism at UFRJ has been conducting a research program for the development of collaborative forms of work and production based in Solano Trindade. In a partnership with MNLM, MUDA, and the residents, six agro-ecological projects had been carried out in the occupation even before the start of our workshops.

Kollaborative Produktion von Transformationswissen in selbstorganisierten städtischen Räumen

Kathrin Wieck

Anlass und Kontext

Dieser Beitrag konzentriert sich auf Workshopaktivitäten im Rahmen der Besetzung Solano Trindade in Duque de Caxias in der Metropolitanregion Rio de Janeiros. Es handelt sich dabei um eine Besetzung, die von der brasilianischen sozialen Bewegung für Kampf um Wohnraum (movimento nacional de luta da moradia, MNLM) initiiert wurde und die sich auf die brasilianische Gesetzgebung beruft. Gemäß des Stadtstatuts wird die Besetzung von verlassenen öffentlichen Flächen und Gebäuden rechtlich unterstützt, wenn der Zweck einer Besetzung Wohnen, soziokulturelle und wirtschaftliche Entwicklung ist.

Als Beispiel für kollaborativen Urbanismus wurden – gefördert vom Deutschen Akademischen Austauschdienst (DAAD) und koordiniert von der Autorin vorrangig in Zusammenarbeit mit Architekt*innen und Stadtplaner*innen der Technischen Universität Berlin (TUB), der Brandenburgischen Technischen Universität Cottbus-Senftenberg (BTU) sowie der Universidade Federal do Rio de Janeiro (UFRJ) – bisher zwei Workshops in Solano Trindade durchgeführt: eine deutsch-brasilianische Summerschool 2018 und ein internationaler Alumniworkshop 2019.[1] Die beiden Workshops waren für jeweils zehn Tage vor Ort konzipiert. Sie verfolgten methodisch eine kollaborative, interaktive und transdisziplinäre Wissensproduktion. An den verschiedenen Aktionen waren wissenschaftliche und Praxisakteur*innen beteiligt. Das Netzwerk setzte sich zusammen aus Wissenschaftler*innen und Studierenden der Raumdisziplinen der beteiligten deutschen Hochschulen TUB und BTU sowie der UFRJ. Am Alumniworkshop waren zusätzlich Alumni in interdisziplinärer Zusammensetzung aus Lateinamerika beteiligt. Gemeinsam arbeitete dieses interdisziplinäre Netzwerk mit gesellschaftlichen Akteur*innen: Aktivist*innen von MNLM, Akteur*innen soziotechnischer Initiativen (Netzwerk Catálise mit dem Fokus auf selbst organisierte Bautechniken und soziale Ökonomien, Netzwerk MUDA: Forschungsgruppe mit dem Fokus auf agroökologische Lösungsansätze) sowie den Bewohner*innen von Solano Trindade.

Die Workshopaktivitäten integrierten sich in ein bereits bestehendes Netzwerk vor Ort, das sich mit dem Initiieren der Besetzung gebildet hatte. Eine Gruppe von MNLM besetzte 2014 zunächst ein leer stehendes Gebäude auf einem ehemals privaten verlassenen und bewaldeten Gelände von 45.000 Quadratmetern. Derzeit sind im Zuge eines staatlichen sozialen Wohnungsprogramms und mithilfe von MNLM etwa 100 Familien für ein Wohnprojekt registriert. Auf der Fläche sollen perspektivisch Umbauten sowie neuer Wohnraum für weitere Familien entstehen. Die Architekturfakultät der UFRJ führt seit 2016 ein Forschungsprogramm zur Entwicklung kollaborativer

The Collaborative Workshops and their Interactions in and with the Open Space

The objective of our two workshops was to generate transformation knowledge together with the active network and the space through direct intervention in the local context. Mindful of the resonance of local societal needs, the workshops brought forth contributions toward systemic solutions to problems and elaborated a knowledge platform for research with society. Throughout the entire process, the collaborative production of channels of inquiry and objectives, the collaborative development of projects, and the collaborative construction and implementation of ideas by all actors involved took on a central role in the process. This transdisciplinary approach is linked with the demand of bringing together different kinds of knowledge, stimulating transformations, and elaborating insights in the context of transdisciplinary research. To this end, this paper will present two reflections that attempt a theoretical-methodological classification in the context of broader discourses of social transformation.

Dual-design Strategy

The first reflection refers to an open space designed on location. Within the workshops, the open space was developed using systemic design approaches. Beyond the spatial design, this also included links between material flows, actors, and different types of knowledge (Images 1 and 2). Although the designs were jointly developed as local solutions to problems and in close connection with the daily needs of the residents, they also stimulated effects of actions by various actors at other scales. A dual-design strategy was used for this purpose. This involved two simultaneous, linked levels of design: first, the development of systemic scenarios by connecting material flows and actors; second, the realization of spatial or functional interventions embedded in the scenarios on a 1:1 scale (Images 3 and 4) (Wieck/Quintero 2018). Interventions included the creation of pathways and recreational areas in the open space, upgrades to the community kitchen, roof work, and sanitation and wastewater-system projects.

The heart of the food system in Solano Trindade is the already established community kitchen, the scope of which was to be extended. Students took it as a starting point for a linking approach towards physically and symbolically improving the visibility of the community. To this end, scenarios were developed in three time phases for the open space components connected with the kitchen (garden and cultivation, composting, open spaces) as well as impetus-generating environmental, economic, and spatial interventions. The project started with the construction of a play and recreational area on the grounds, which was jointly implemented using building materials available on site. The location and implementation agreed with the residents,

Arbeits- und Produktionsformen durch und verankert dieses in Solano
Trindade. In einer Partnerschaft mit MNLM, MUDA und den
Bewohner*innen wurden in der Besetzung vor Beginn unserer Work-
shops bereits sechs agro-ökologische Projekte durchgeführt.

Die kollaborativen Workshops und ihre Interaktionen in und mit dem Freiraum

Ziel unserer beiden Workshops war es, durch unmittelbares Ein-
greifen in den lokalen Kontext Transformationswissen zusammen mit
dem aktiven Netzwerk und dem Ort zu generieren. Die Resonanz
lokaler gesellschaftlicher Bedürfnisse miteinbeziehend, wurden durch
die Workshops Beiträge zu systemischen Problemlösungen sowie eine
Wissensplattform für das Forschen mit der Gesellschaft verwirklicht.
Dabei nahm während des gesamten Prozesses mit allen Beteiligten
die gemeinsame Formulierung von Fragestellungen und Zielsetzungen,
das gemeinsame Entwickeln von Projekten sowie das gemeinsame
Bauen und Umsetzen der Ideen eine zentrale Rolle ein. Diese transdisziplinäre Vorgehensweise ist mit dem Anspruch verbunden, unterschiedliche Wissensarten zusammenzubringen, Transformationen
zu stimulieren und für das transdisziplinäre Forschen zu reflektieren.
Hierzu werden zwei Reflexionen vorgestellt, die eine theoretisch-
methodische Einordnung in breitere gesellschaftliche Transformations-
diskurse versuchen.

Dual-Design-Strategie

Die erste Reflexion bezieht sich auf einen vor Ort gestalteten Freiraum. Innerhalb der Workshops wurde der Freiraum mit Ansätzen des
systemischen Entwerfens entwickelt. Neben der räumlichen Gestaltung schloss dies auch Verknüpfungen zwischen Stoffströmen, Akteur*-
innen und unterschiedlichen Wissensarten mit ein (Abb. 1 und 2).
Die Entwürfe wurden zwar als lokale Problemlösungen und in engem
Zusammenhang mit den täglichen Bedürfnissen der Bewohner*-
innen gemeinschaftlich entwickelt, stimulierten aber darüber hinaus
auch Handlungswirksamkeiten verschiedener Akteur*innen auf
anderen Maßstabsebenen. Dafür wurde eine Dual-Design-Strategie
eingesetzt. Diese beinhaltete zwei simultane, verknüpfte Ebenen
des Entwerfens: erstens das Entwickeln von systemischen Szenarien
durch ein Verbinden von Stoffströmen und Akteur*innen; zweitens das Realisieren von in die Szenarien eingebetteten räumlichen
oder funktionalen Interventionen im Maßstab 1:1 (Abb. 3 und 4)
(Wieck/Quintero 2018). Zu den Interventionen zählten die Schaffung
von Wegen und Aufenthaltsmöglichkeiten im Freiraum, Aufwertun-
gen der Gemeinschaftsküche, Dacharbeiten, Projekte zur Abwasserent-
sorgung und im Abwassersystem.

Herzstück der Nahrungssystems in Solano Trindade bildet die
bereits aufgebaute Gemeinschaftsküche, deren Wirkungskreis erweitert
werden sollte. Studierende nahmen sie zum Ausgangspunkt für einen
verknüpfenden Ansatz zur physischen und symbolischen Verbesserung
der Sichtbarkeit der Gemeinschaft. Dazu wurden Szenarios in drei
Zeitphasen für die mit der Küche verbundenen Freiraumkomponenten

Image 1 and 2:
Dual-design
strategy.
Collaborative
scenario design.
Photos:
COLLOC Team,
2018 and 2019.

Abb. 1 und 2:
Dual-Design-
Strategie.
Kollaboratives
Entwerfen von
Szenarios. Fotos:
COLLOC Team,
2018 und 2019.

and MNLM enabled closer relations with the neighboring school.
In the second workshop, the accessibility of the heavily wooded
grounds was improved with new pathways and additional recreational
areas were created.

Images 3 and 4:
Dual-design
strategy.
Materialization
of transforma-
tion knowledge.
Photos:
COLLOC Team,
2018 and 2019.

Another scenario in the first workshop, in conjunction with a
longer-term restructuring of the kitchen, included stronger links to the
vegetable garden initiated by MUDA and to the existing composting system, plus the implementation of food stalls along the adjacent
federal road to generate income. With the growth prospects of the
settlement in mind, in the second workshop existing constructed wetlands for the treatment of grey and black water were conceptually
extended with the expert knowledge of various alumni, developed in
conjunction with the cultivation of medicinal plants, and implemented collectively in the vicinity of the kitchen in exemplary fashion.

Abb. 3 und 4:
Dual-Design-
Strategie.
Materialisierung
von Transforma-
tionswissen.
Fotos:
COLLOC Team,
2018 und 2019.

Interactive Knowledge Production

The second reflection examines a change of perspective regarding the
open space stimulated in Solano Trindade. This other vantage point
relates to the socio-spatial and socio-natural links that are made visible
here by means of an interactive production of knowledge through
three theoretical approaches.

First, Lefebvre's concept of social space involves a socio-spatial
view of the interactivity of space, according to which the social space as
a space of actual social practice involves both actions and knowledge
about the space (Lefebvre, 2008, 173). Second, the increased interest in
the interaction between human and non-human actors triggered by
actor-network theory (Latour 1998) has led to a new perspective on the
interactivity of space in terms of socio-natural linkages. This perspective promotes a new understanding of nature-culture and subject-object
relations that sees nature and society as network-forming or collective. And third, assemblage approaches to the design of current open
space transformations provide a fundamental understanding of the
materialized nature of relationships and of the interactive competence
of materiality itself (Wieck/Giseke 2018). In Bennett's conception of
"vibrant matter", the interactivity of matter is provided by systems and
things (Bennett 2010, 21).

As regards the interactivity of the open space, attention should
be directed to the network of all human and non-human actors involved.
In this context, the personal network of students, scientists, social
movement activists, technicians, and residents indicates a different institutional affiliation, role distribution, and also a different motivation
in the results to be achieved. While for residents the most urgent
purpose is securing use of the land and the development of their living
and housing space, the scientific and design interest from the project team's point of view lies primarily in the systemic development of
an interactive open space and in achieving this through a transdisciplinary manner of working. The relationships and negotiation practices
of the actors are also reflected in the nature of community interventions and scenario development. The enumeration of human actors can

(Garten und Anbau, Kompostierung, Freiräume) sowie impulsset-
zende ökologische, ökonomische und räumliche Eingriffe erarbeitet.
Gestartet wurde mit dem Bau eines Spiel- und Aufenthaltsbereiches auf
dem Gelände, der gemeinschaftlich und mit vor Ort vorhandenen
Baumaterialien realisiert wurde. Die mit den Bewohner*-
innen und MNLM abgestimmte Verortung und
Umsetzung ermöglichte engere Beziehungen zu der
benachbarten Schule. Im zweiten Workshop wurde
ergänzend dazu die Zugänglichkeit des stark bewaldeten
Geländes durch neue Wegeführung verbessert
und weitere Aufenthaltsbereiche wurden geschaffen.
    Ein weiteres Szenario im ersten Workshop
beinhaltete in Verbindung mit einem längerfristigen
Küchenumbau die stärkere Anbindung an den von
MUDA initiierten Gemüsegarten und an das bestehende
Kompostierungssystem sowie die Realisierung von
Nahrungsmittelverkaufsständen an der benachbarten
Bundesstraße zur Einkommensgenerierung. Den
perspektivisch wachsenden Siedlungsraum miteinbeziehend wurden im zweiten Workshop mit dem Experten-
wissen verschiedener Alumni bestehende Pflanzenkläranlagen für
die Reinigung von Grau- und Schwarzwasser konzeptionell erweitert,
mit dem Anbau von Heilpflanzen entwickelt und beispielhaft in
Nähe der Küche kollektiv umgesetzt.

Interaktive Wissensproduktion

Die zweite Reflexion richtet sich auf einen Perspektivwechsel des
in Solano Trindade stimulierten Freiraums. Dieser andere Blickwinkel
bezieht sich auf die sozialräumlichen und sozialnatürlichen Verknüpfungen, die mittels einer interaktiven Wissensproduktion – durch
drei theoretische Zugänge – hier sichtbar gemacht werden.
    Erstens ist mit dem Konzept des sozialen Raums von Lefebvre
eine sozialräumliche Sichtweise auf die Interaktivität des Raums
verbunden, demzufolge der soziale Raum als Raum der realen
sozialen Praxis sowohl Handlungen als auch Wissen über den Raum
beinhaltet (Lefebvre 2008, 173). Zweitens hat das durch die Akteur-
Netzwerk-Theorie (Latour 1998) ausgelöste verstärkte Interesse
eines Zusammenwirkens menschlicher und nicht menschlicher Akteur*-
innen zu einer neuen Sichtweise auf die Interaktivität des Raums
in Bezug auf sozialnatürliche Verknüpfungen geführt. Dieser Blickwinkel fördert ein neues Verständnis von Natur-Kultur- und Subjekt-
Objekt-Beziehungen, das Natur und Gesellschaft als netzwerk-
bildend oder kollektiv sieht. Und drittens liefern die Assemblageansätze
zur Gestaltung aktueller Freiraumtransformationen ein grundlegen-
des Verständnis für eine materialisierte Natur von Beziehungen
und für die interaktive Kompetenz der Materialität selbst (Wieck/
Giseke 2018). In Bennetts Verständnis des „vibrant matter" wird
die Interaktivität der Materie von Systemen und Dingen bereitgestellt
(Bennett 2010, 21).

also be completed by non-human actors in the sense of a Latourian actor-network (Latour 1998): this includes, for example, the open space itself, the Atlantic rainforest, abandoned buildings of a Pan-American research institute, the soil, medicinal plants, a kitchen,

and a state law on land use for social purposes. The workshops brought together the knowledge of all actors, including the knowledge stored in nature, space, and infrastructures. Through interactivity, we thus connected the negotiation, unification, and spatialization of academic knowledge, the experiential knowledge of civil society actors, and the action knowledge of non-human actors.

Decisions concerning interventions were discussed together, in particular when preparing and taking meals, and communicated to the residents in connection with the scenarios. This created moments of mutual learning, and the kitchen became a place of action (Images 5 and 6). Residents shared their knowledge of agricultural practices with the academic participants. They reported on preparation methods and health aspects, and also

on the influence of everyday and cultural knowledge in the food system. Cultural/traditional techniques for vegetarian food production and the intrinsic knowledge of plants (e.g., for healing and prophylaxis) were also taught. Specific expert knowledge shared by the alumni on the capabilities of plants, for example in terms of preventive health or for the optimization of constructed wetlands, was also incorporated. Only the combination of these different types of knowledge, along with their materialization in space in the form of the interventions, was able to make the transformation knowledge tangible to all involved.

Summary of the Transdisciplinary Process Design

As the workshops in Solano Trindade demonstrate, the aforementioned actors were involved in the transformative processes of systemic open space development, in that all planning and construction decisions were made and implemented collectively within the ten-day timeframe (Images 7 and 8). In accordance with the objective of the workshops, transformation knowledge that could be experienced collectively was created as a form of knowledge in the context of transdisciplinary research. In addition to systemic knowledge and target knowledge, transformation knowledge means approaching the problem in practice while anchoring scientifically integrated knowledge about transformation and transferability (Hirsch-Hadorn et al. 2008, Giseke et al. 2015). The design of the transdisciplinary working process during the workshops followed a methodical plan and yet had a flexible program, which determined when which actors would contribute their knowledge and how this would be brought together in joint actions. Learning situations were created in a targeted manner in which interactions with different actors and collaborative construction work were fostered. The moments of gathering in the communal kitchen

Images 5 and 6:
Interactive
learning of
different types of
knowledge.
Photos: COLLOC
Team, 2018.

Abb. 5 und 6:
Interaktives
Lernen unter-
schiedlicher
Wissensarten.
Fotos: COLLOC
Team, 2018.

Für die Perspektive auf die Interaktivität des Freiraums soll der Blick auf das Netzwerk aller beteiligten menschlichen und nicht menschlichen Akteur*innen gerichtet werden. Dabei markiert das Personennetzwerk von Studierenden, Wissenschaftler*innen, Aktivist*innen sozialer Bewegungen, Techniker*innen und Bewohner*innen eine unterschiedliche institutionelle Zugehörigkeit, Rollenverteilung sowie ein unterschiedliches Interesse an den zu erzielenden Ergebnissen. Während für die Bewohner*innen der dringlichste Zweck die Sicherung der Landnutzung und die Entwicklung ihres Lebens- und Wohnraumes ist, liegt das wissenschaftliche und gestalterische Interesse aus Sicht des Projektteams vorrangig auf einer systemischen Entwicklung eines interaktiven Freiraums und darauf, dies mit einer transdisziplinären Arbeitsweise zu erreichen. Die Beziehungen und Aushandlungspraktiken der Akteur*innen spiegeln sich auch in der Art der gemeinschaftlichen Interventionen und der Szenarioentwicklung wider. Die Aufzählung der menschlichen Akteur*innen lässt sich aber auch im Sinne eines Latour'schen Akteur-Netzwerks (Latour 1998) durch die nicht menschlichen Akteur*innen vervollständigen: Dazu gehören beispielsweise der Freiraum selbst, der atlantische Regenwald, verlassene Gebäude eines panamerikanischen Forschungsinstituts, der Boden, Heilpflanzen, eine Küche, ein staatliches Gesetz zur Landnutzung für soziale Zwecke. In den Workshops wurde das Wissen aller Akteur*innen zusammengebracht, also auch das in Natur, Raum, Infrastrukturen gespeicherte Wissen miteinbezogen. Mit Interaktivität verbanden wir demnach das Verhandeln, Zusammenbringen und Verräumlichen von akademischem Wissen, Erfahrungswissen der zivilgesellschaftlichen Akteur*innen sowie das Handlungswissen nicht menschlicher Akteur*innen.

Entscheidungen über die Interventionen wurden vor allem während der Zubereitung und dem Verzehr der Mahlzeiten gemeinsam diskutiert und den Bewohner*innen im Zusammenhang mit den Szenarios vermittelt. Dies schuf Momente des gegenseitigen Lernens, und die Küche wurde zu einem handelnden Ort (Abb. 5 und 6). Die Bewohner*innen teilten ihr Wissen über landwirtschaftliche Methoden mit den akademischen Beteiligten. Sie berichteten über Zubereitungsmethoden und Gesundheitsaspekte sowie über den Einfluss von alltäglichem und kulturellem Wissen im Nahrungssystem. Dabei wurden auch kulturell-traditionelle Techniken zur vegetarischen Lebensmittelproduktion sowie das innewohnende Wissen der Pflanzen (z.B. zur Heilung und Prophylaxe) vermittelt. Spezifisches Fachwissen der Alumni zu Kompetenzen von Pflanzen beispielsweise zur Gesundheitsprävention oder zur Optimierung von Pflanzenkläranlagen floss hierbei mit ein. Erst die Bündelung dieser verschiedenen Wissensarten sowie das Materialisieren im Raum in Form der Interventionen vermochte es, das Transformationswissen für alle greifbar zu machen.

Resümee zur transdiziplinären Prozessgestaltung

Wie die Workshops in Solano Trindade zeigen, wurden die genannten Akteur*innen in die transformativen Prozesse einer systemischen

Images 7 and 8: Joint planning and decision-making. Photos: COLLOC Team, 2018 and 2019.

Abb. 7 und 8: Gemeinsames Planen und Entscheiden. Fotos: COLLOC Team, 2018 und 2019.

are representative of these situations. Moreover, our active support role in the implementation of previously started agro-ecological projects was another important building block. These activities encouraged the development of a common communication capability between all participants. Collective action was essential to understand the place, build trust, and develop a common ability to communicate.

As further mutual learning situations, interventions were conducted as collective real-life experiments. By integrating them into the scenarios, they also functioned as test runs for synergies between different material flows. The jointly generated transformation knowledge was pooled, presented to each other, and communicated as a collective knowledge gain through the interventions. The spatialization of knowledge is intended to stimulate further transformations in and through the open space and to open up possibilities for a longer-term, more resilient development in linking with the surrounding urban space by the residents themselves.

1   https://colloc2019.wixsite.com/colloc2019
(Accessed: April 01, 2021).

Freiraumentwicklung einbezogen, indem alle planerischen und baulichen Entscheidungen gemeinschaftlich innerhalb der zehn Tage getroffen und umgesetzt wurden (Abb. 7 und 8). Gemäß der Zielsetzung der Workshops wurde gemeinschaftlich erfahrbares Transformationswissen als eine Wissensform transdisziplinärer Forschung geschaffen. Neben Systemwissen und Zielwissen bedeutet Transformationswissen, sich dem Problem in der Praxis zu nähern und gleichzeitig wissenschaftlich integriertes Wissen über Transformation und Übertragbarkeit zu verankern (Hirsch-Hadorn et al. 2008, Giseke et al. 2015). Die Gestaltung des transdisziplinären Arbeitsprozesses während der Workshops folgte einem methodischen Plan und trotzdem einem flexiblen Programm, welches festlegte, wann welche Akteur*innen ihr Wissen einbringen und wie dieses in gemeinsamen Aktionen zusammengeführt wird. Dabei wurden gezielt Lernsituationen geschaffen, in denen Interaktionen mit verschiedenen Akteur*innen und gemeinschaftliche Konstruktionsarbeit gefördert wurden. Die Momente des Zusammentreffens in der Gemeinschaftsküche stehen stellvertretend für diese Situationen. Darüber hinaus war unsere aktiv unterstützende Beteiligung an der Umsetzung von bereits begonnenen agroökologischen Projekten ein weiterer wichtiger Baustein. Diese Aktivitäten förderten die Entwicklung einer gemeinsamen Kommunikationsfähigkeit zwischen allen Beteiligten. Kollektives Handeln war wesentlich, um den Ort zu verstehen, Vertrauen aufzubauen und eine gemeinsame Kommunikationsfähigkeit zu entwickeln.

Die Interventionen als weitere Lernsituationen wurden als kollektive Realexperimente durchgeführt. Durch Einbindung in die Szenarien funktionierten sie auch als Testläufe für Synergien von verschiedenen Stoffströmen. Das gemeinsam generierte Transformationswissen wurde gebündelt, sich gegenseitig präsentiert und als kollektiver Wissensgewinn durch die Interventionen vermittelt. Über die Verräumlichung von Wissen wird angestrebt, weitere Transformationen im und durch den Freiraum zu stimulieren und Möglichkeiten für eine längerfristige, resilientere Entwicklung in Vernetzung mit dem umgebenden Stadtraum durch die Bewohner*innen selbst zu eröffnen.

1   https://colloc2019.wixsite.com/colloc2019
(letzter Zugriff: 01.04.2021).

Bennett, J. (2010): *Vibrant matter: A political ecology of things*. Durham: Duke University Press.

Giseke, U., et al. (eds.) (2015): *Urban Agriculture for Growing City Regions. Connecting Urban-Rural Spheres in Casablanca*. Oxon, Abingdon, New York: Routledge.

Hirsch-Hadorn, G., et al. (eds.) (2008): *Handbook of transdisciplinary research*. Dordrecht: Springer.

Latour, B. (1998) [1991]: *Wir sind nie modern gewesen*. Frankfurt am Main: Fischer.

Lefebvre, H. (2008) [1974]: *The Production of Space*. Malden, Oxford, Victoria: Blackwell Publishing.

Wieck, K. (2018): *Die Interaktivität von Raum informeller Siedlungen*. Doctoral Thesis. Berlin: Technische Universität Berlin. https://doi.org/10.14279/depositonce-6757 (Accessed: March 10, 2021).

Wieck, K. / Giseke, U. (2018): "Urban-rurale Verknüpfungen entwerfen". In: S. Langner / M. Fröhlich-Kulik (eds.): *Rurbane Landschaften – Perspektiven des Ruralen in einer urbanisierten Welt*. Bielefeld: transcript, pp. 363–384.

Wieck, K. / Quintero, N. (2018): "Interactive Knowledge Production in Self-Organized Areas". In: S. Delarue / R. Dufour (eds.): *Landscapes of conflict ECLAS Conference 2018, Ghent, Belgium, 09.–12.09.2018: Book of proceedings*, pp. 244–253; http://conference.eclas.org/downloads-book-of-abstract-book-of-proceedings (Accessed: March 10, 2021).

Bennett, J. (2010): *Vibrant matter: A political ecology of things*. Durham: Duke University Press.

Giseke, U., et al. (Hrsg.) (2015): *Urban Agriculture for Growing City Regions. Connecting Urban-Rural Spheres in Casablanca*. Oxon, Abingdon, New York: Routledge.

Hirsch-Hadorn, G., et al. (Hrsg.) (2008): *Handbook of transdisciplinary research*. Dordrecht: Springer.

Latour, B. (1998) [1991]: *Wir sind nie modern gewesen*. Frankfurt am Main: Fischer.

Lefebvre, H. (2008) [1974]: *The Production of Space*. Malden, Oxford, Victoria: Blackwell Publishing.

Wieck, K. (2018): *Die Interaktivität von Raum informeller Siedlungen*. Doktorarbeit. Berlin: Technische Universität Berlin. Unter: https://doi.org/10.14279/depositonce-6757 (letzter Zugriff: 10.03.2021).

Wieck, K. / Giseke, U. (2018): „Urban-rurale Verknüpfungen entwerfen". In: S. Langner / M. Fröhlich-Kulik (Hrsg.): *Rurbane Landschaften – Perspektiven des Ruralen in einer urbanisierten Welt*. Bielefeld: transcript, S. 363–384.

Wieck, K. / Quintero, N. (2018): „Interactive Knowledge Production in Self-Organized Areas". In: S. Delarue / R. Dufour (Hrsg.): *Landscapes of conflict ECLAS Conference 2018, Ghent, Belgium, 09.–12.09.2018: Book of proceedings*, S. 244–253. Unter: http://conference.eclas.org/downloads-book-of-abstract-book-of-proceedings (letzter Zugriff: 10.03.2021).

The Promise of Urban Nature Resides in People, Place, and Planning

Erika S. Svendsen

Nearly 25 years ago, New Yorkers were engaged in a movement to prevent hundreds of community gardens located in the city's most vulnerable communities from being sold for market development. Gardeners stood on the steps of City Hall in protest of the sale and made their case to find a more equitable and just way forward. The gardeners sought legal counsel when all else failed. As important as it was to preserve the gardens, there was an underlying call for legitimacy, for acknowledging the contributions gardeners make to city life. Gardens produce food for hungry people and plants that help restore the human spirit and create biodiverse habitats for wildlife. Less visible, but no less significant, are the societal contributions of community projects to social efficacy, order, and capacity (Sampson 1999). Community gardening empowers thousands to take a shared role in strengthening their community, to create and innovate, and to leave a legacy of care.

During the late 1990s, a handful of gardens were granted protection and placed under the jurisdiction of the New York City Department of Parks and Recreation. I was then director of the city's community gardening program, GreenThumb, and helped facilitate the transfer to parks. No longer categorized as tending to informal or temporary space, the gardeners were required to abide by city rules that included posting an official park sign on the garden gate. This sign signified that the garden was public parkland. It is the same sign that graces the entrance to Central Park.

When the signs arrived in my office, I chose to deliver some of them myself. In part, to convey my congratulations but mostly, because I was curious. How would people react when they realized they had created a communal public space to be enjoyed in relative perpetuity? Did they realize they were now in the company of Central Park's famed designers, Frederick Law Olmsted and Calvert Vaux? Most gardeners were first or second-generation immigrants, hard-working New Yorkers who typically did not have the title and privileges of the urban elite. I will never forget riding the subway from my office to meet one particular gardener on the Lower East Side. As I turned the corner on East 8th Street, I saw Gilbert, in his wheelchair, sitting outside the garden and talking with neighbors. Gilbert was a garden founder and a master carver. Many of his sculpted totems, representing African tribes and related lineage, stood proudly within the garden. I regretted that there was no grand ceremony or speech given. Instead, with as much enthusiasm as I could muster, I presented the official sign to Gilbert and his fellow gardeners. I promptly started to cry. The group stared at me, and I mumbled an apology for my emotion. Everyone understood. I have never forgotten that there are those rare moments when everyday

Das Versprechen urbaner Natur liegt in den Menschen, dem Ort und der Planung

Erika S. Svendsen

Vor ungefähr 25 Jahren schloss sich eine Gruppe von New Yorker*-innen zu einer Bewegung zusammen, die verhindern wollte, dass Hunderte von Gemeinschaftsgärten, die sich in besonders vulnerablen Gemeinschaften der Stadt befanden, der Marktentwicklung preisgegeben werden sollten. Die Gärtner*innen standen auf den Stufen des Rathauses, um gegen den Verkauf zu protestieren und einen gerechteren und faireren Weg zu finden. Da alle Versuche scheiterten, suchten sie sich einen Rechtsbeistand. Dabei ging es nicht nur darum, die Gärten zu erhalten, sondern es stand auch die berechtigte Forderung im Raum, den Beitrag, den die Gärtner*innen zum Leben in der Stadt leisten, zu legitimieren und anzuerkennen. Gärten produzieren Nahrung für hungrige Menschen und Pflanzen, die den menschlichen Geist stärken und biodiverse Lebensräume für die Tierwelt schaffen. Weniger sichtbar, aber nicht weniger bedeutsam ist der gesellschaftliche Beitrag von Gemeinschaftsprojekten zu gesellschaftlicher Wirksamkeit, Ordnung und Befähigung (Sampson/Raudenbush 1999). Das gemeinschaftliche Gärtnern ermächtigt Tausende Menschen, gemeinsam zur Stärkung ihrer Gemeinschaft beizutragen, etwas zu schaffen und zu verändern und das Vermächtnis zu hinterlassen, etwas bewirkt zu haben.

In den späten 1990er-Jahren wurde eine Handvoll Gärten unter den Schutz und die Zuständigkeit der New Yorker Parkbehörde (New York City Department of Parks and Recreation) gestellt. Ich war damals Leiterin des städtischen Gemeinschaftsgartenprogramms Green-Thumb und unterstützte die entsprechende Umsetzung in den Parks. Die Gärtner*innen waren damit nicht länger informell oder temporär Handelnde, sie mussten sich nun an die städtischen Regeln halten, zu denen auch das Anbringen eines offiziellen Schilds am Eingang der Gärten gehörte, um den Garten als öffentliche Parklandschaft auszuweisen. Es war das gleiche Schild, das auch den Eingang des Central Park ziert.

Als die Schilder in meinem Büro ankamen, beschloss ich, einige von ihnen selbst zu übergeben – zum einen, um meine Glückwünsche zu übermitteln, aber hauptsächlich auch deswegen, weil ich neugierig war. Wie würden die Menschen reagieren, wenn sie erfahren, dass sie einen gemeinschaftlichen öffentlichen Raum geschaffen hatten, den sie nun ohne begrenzte Nutzungsdauer genießen konnten? War ihnen bewusst, dass sie sich nun in Gesellschaft der berühmten Landschaftsarchitekten des Central Park, Frederick Law Olmsted und Calvert Vaux, befanden? Die meisten Gärtner*innen waren Immigrant*innen der ersten oder zweiten Generation, hart arbeitende New Yorker*-innen, die in der Regel nicht über Stammbaum, Titel oder Privilegien der städtischen Eliten verfügten. Ich werde nie vergessen, wie ich von meinem Büro aus mit der U-Bahn zu einem Treffen mit einem der

people can make a city their own, carving out a piece of it for themselves and their neighbors, and in doing so find a way to preserve it for future generations.

As every community gardener will tell you, gardens are not the same as publicly managed parks. First and foremost, they are community managed, and consensus does not always come easy. Second, gardens take shape over many years but shift in rapid response to the needs and desires of the neighborhood. Lastly, the community gardens were born out of struggle and desperation. They rose up when the city was falling down. They thrived in spite of the city's economic decline, unkept streets, and rampant vacancies and became places of community strength, solace, creativity, and growth.

Today, many refer to community gardens as social infrastructure. Yet the language of infrastructure risks obscuring the ways in which the gardens started out as informal and unplanned. The groups that founded them would not be accurately characterized as professionalized organizations. Their collective efforts were considered temporary, and their contributions were undervalued by those in power (Campbell 2017). Once the city began its recovery, officials nearly cast the gardens aside by auctioning them off to the highest bidder. How can we recognize these agents of change that create social infrastructure in cities—especially when they are found in places where we do not expect them to be? And if and when these efforts are seen, how can we provide the type of support that will not defeat their intent?

We must treat urban gardeners as experts in adaptive capacity and bring them into the powerful realm of city making. Knowing how to look for acts of caretaking, placemaking, identity, and territory are critical markers for harnessing urban space for social good.

Gärtner in der Lower East Side fuhr. Als ich in die East 8th Street einbog, sah ich Gilbert, der in seinem Rollstuhl vor dem Garten saß und sich mit den Nachbar*innen unterhielt. Gilbert war nicht nur ein Gründer des Gartens, er war auch ein hervorragender Schnitzer. Im Garten verstreut standen viele seiner geschnitzten Totems, die afrikanische Stämme und verwandte Stammesgruppen abbildeten. Zu meinem Bedauern gab es keine feierliche Zeremonie oder Rede. Ich überreichte Gilbert und seinen Mitgärtner*innen voller Enthusiasmus das offizielle Schild und prompt kamen mir die Tränen. Die Gruppe starrte mich an, ich murmelte eine Entschuldigung für meine Rührung, aber alle hatten mich verstanden. Ich werde diese seltenen Momente nie vergessen, in denen sich ganz normale Menschen eine Stadt zu eigen machen, indem sie ein Stück davon für sich und ihre Nachbarschaft besetzen und dabei einen Weg finden, es für künftige Generationen zu erhalten.

Alle Gemeinschaftsgärtner*innen sind sich darin einig, dass Gärten nicht dasselbe sind wie öffentlich verwaltete Parks. Sie werden in erster Linie von der Gemeinschaft verwaltet, und es ist nicht immer leicht, einen Konsens zu finden. Gärten brauchen zwar viele Jahre, um ihre Gestalt anzunehmen, können sich aber auch sehr schnell verändern, wenn es um die Bedürfnisse und Wünsche der Nachbarschaft geht. Gemeinschaftsgärten sind nicht zuletzt durch hartes Ringen und aus der Not heraus entstanden. Sie tauchten auf, als es mit der Stadt bergab ging. Sie gediehen trotz des wirtschaftlichen Niedergangs der Stadt, ungepflegter Straßen und des grassierenden Leerstands – und gediehen zu Orten der gemeinschaftlichen Stärke, des Trosts, der Kreativität und des Wachstums.

Heute werden Gemeinschaftsgärten häufig als soziale Infrastruktur bezeichnet, doch die Bezeichnung Infrastruktur kann leicht verschleiern, dass diese Gärten einmal informell und ungeplant entstanden. Die Gruppen, von denen sie gegründet wurden, können kaum als professionelle Organisationen bezeichnet werden. Ihre gemeinschaftlichen Bemühungen galten als temporär und ihre Beiträge wurden von der Obrigkeit unterschätzt (Campbell 2017). Als die Stadt sich langsam wieder erholte, ließ die Verwaltung viele Gärten auf und versteigerte sie an Meistbietende. Wie können wir nun die Arbeit dieser Akteur*innen des Wandels anerkennen, die soziale Infrastruktur in der Stadt geschaffen haben – vor allem, wenn sie an Orten zu finden ist, an denen wir sie nicht vermuten? Und selbst wenn die Bemühungen anerkannt werden, wie können wir eine Unterstützung bieten, die den Absichten der Akteur*innen nicht entgegensteht?

Wir müssen urbane Gärtner*innen als Expert*innen in adaptiver Kapazität anerkennen und sie in den wirkmächtigen Bereich der Stadtgestaltung einbringen. Zu wissen, wie sich diese Handlungen der Pflege, der Standortaufwertung, der Identität und des Territoriums erkennen lassen, ist eine wichtige Erkenntnis im Hinblick auf die Nutzbarmachung des urbanen Raums als soziales Gut.

References

Campbell, L.K. (2017): *City of Forests, City of Farms*.
Cornell: Cornell University Press.

Sampson, R.J. / Raudenbush, S.W. (1999): "Systematic
Social Observations of Public Space: A New Look
as Disorder in Urban Neighborhoods". In: *AJS*, 105 (3),
pp. 603–15.

Bibliografie

Campbell, L.K. (2017): *City of Forests, City of Farms.*
Cornell: Cornell University Press.

Sampson, R.J. / Raudenbush, S.W. (1999): „Systematic
Social Observations of Public Space: A New Look
as Disorder in Urban Neighborhoods". In: *AJS*, 105 (3),
S. 603–615.

Do It Yourself
Arnold van der Valk

Mission accomplished: November 1st, 2016 my job as a full professor
of land use planning at Wageningen University is over. I am retired.
A slight panic takes hold of me when I realize that twenty years of academic work have reduced my Amsterdam circle of close friends
to two people, being my wife and adult son. As usual, the solution
comes during a waking moment in the night: I remember a visit to an
Amsterdam community garden with a number of students a few

months before retirement. The gardeners were very kind and
invited me to come by after retirement and work in the garden
as a volunteer.

IJplein Community Garden, founded in 2012, is located on
a municipally owned former lawn between white apartment
buildings in Amsterdam-Noord.[1] The garden is situated opposite
Amsterdam Central Station with a view of the banks of the
Y river. It is a large, L-shaped site—ideal to build a hotel or a sky-
scraper with a penthouse. The IJplein neighborhood is part
of one of the poorest neighborhoods in Amsterdam, Vogelwijk.
Almost half of the residents are immigrants from Turkey and
Morocco, and the unemployment rate is well above the municipal
average. In 2012, at the height of the economic crisis,
financial resources for the promotion of social cohesion
and the alleviation of poverty became available for
poor neighborhoods. Various foundations capitalized on
this opportunity to create neighborhood gardens, usually
in collaboration with local residents. That is also the
case with IJplein Garden. A foundation organized local
residents, and the municipality provided money for
the construction. The garden has a dual purpose: a green meeting place
for local residents and cultivation of vegetables for the local food
bank. The problem is well-known to me in theory at least because I have
written a scientific paper on the utility and necessity of community
gardens in New York City.

In the night of November 2, 2016, I muster courage to sign up by
e-mail as a volunteer for the garden. There is no answer. I live across the
river in a richer part of town. On advice of a friend, I personally visit
the garden on the last day of the gardening season before Christmas.
During this visit, I meet all volunteers in the garden's small greenhouse.
The mood is festive due to mulled wine. One of the board members
gives me a warm welcome as a new member and apologizes for not an-
swering my e-mail. The group, consisting predominantly of ladies,
shows appreciation for the new male, a 'real professor' on top. At that
twilight gathering in December 2016 by candlelight in the greenhouse, my life takes a new course. It is the start of a life as a part-time
urban gardener. Those people in the greenhouse are my new friends
with whom I share joys and sorrows for over three years now.

Tue es selbst
Arnold van der Valk

Image 1: IJplein Garden. Photo: Arnold van der Valk, 2020.

Image 2: Arnold van der Valk on the day of his inauguration as a garden member. Photo: Arnold van der Valk, 2017.

Abb. 1: IJplein-Gemeinschafts-garten. Foto: Arnold van der Valk, 2020.

Abb. 2: Arnold van der Valk am Tag seiner Aufnahme als Gartenmitglied. Foto: Arnold van der Valk, 2017.

Mission erfüllt: 1. November 2016, meine Arbeit als Professor für Land-nutzungsplanung an der Universität Wageningen ist beendet. Ich bin im Ruhestand. Eine leichte Panik ergreift mich, als ich realisiere, dass 20 Jahre akademische Arbeit meinen engsten Freundeskreis auf zwei Personen reduziert haben: meine Frau und meinen erwachsenen Sohn. Wie gewöhnlich kommt die Lösung während schlafloser Stunden in der Nacht: Ich erinnere mich an einen Besuch in einem Amsterdamer Gemeinschaftsgarten mit ein paar Studierenden, einige Monate vor meinem Ruhestand. Die Gärtner*innen waren sehr nett und luden mich ein, in meinem Ruhestand vorbeizukommen und im Garten auf frei-williger Basis mitzuarbeiten.

Der IJplein-Gemeinschaftsgarten, gegründet im Jahr 2012, liegt auf einer städtischen Wiese zwischen weißen Apartmenthäusern in Amsterdam-Noord.[1] Der Garten befindet sich gegenüber des Amsterdamer Hauptbahnhofs, mit Blick auf den Fluss Y. Es ist ein L-förmiges Grundstück – ideal für ein Hotel oder ein Hochhaus samt Penthouse. Die Nachbarschaft von IJplein ist eine der ärmsten in Amsterdam-Vogelwijk. Beinahe die Hälfte der Anwohner*innen sind Einwander*innen aus der Türkei oder Marokko und die Arbeits-losenrate liegt weit über dem städtischen Durchschnitt.

Im Jahr 2012, zum Höhepunkt der Wirtschaftskrise, wurden einkommensschwachen Nachbarschaften finanzielle Mittel für die För-derung sozialen Zusammenhaltes und zur Armutsminderung zur Verfügung gestellt. Verschiedene Stiftungen nutzten diese Gelegenheit und legten Nachbarschaftsgärten an, zumeist in Kollaboration mit Anwohner*innen. So auch im Falle des IJplein-Gemeinschaftsgartens. Eine Stiftung mobilisierte Anwohner*innen und die Stadt stellte Gel-der für die Umsetzung zur Verfügung. Der Garten erfüllt einen doppel-ten Zweck: Er ist ein grüner Treffpunkt für die Anwohner*innen und dient dem Anbau von Gemüse für die lokale Nahrungsmittelaus-gabestelle. Die Sachlage ist mir, in der Theorie zumindest, gut be-kannt, da ich einen wissenschaftlichen Artikel zum Nutzen und zur Notwendigkeit von Gemeinschaftsgärten in New York verfasst habe.

In der Nacht des 2. Novembers 2016 nehme ich meinen Mut zusammen und bewerbe mich per E-Mail als freiwilliges Gartenmit-glied. Es kommt keine Antwort. Ich lebe auf der anderen Seite des Flusses in einem wohlhabenderen Stadtteil. Auf Anraten eines Freun-des besuche ich den Garten am letzten Tag der Gartensaison vor Weihnachten. Im Zuge meines Besuchs begegne ich allen Vorstandsmit-gliedern im kleinen Gewächshaus des Gartens. Die Stimmung ist festlich dank des Glühweins. Eines der Vorstandsmitglieder heißt mich herzlich als neues Mitglied willkommen und entschuldigt sich da-für, dass meine E-Mail nicht beantwortet wurde. Die Gruppe, die vor-wiegend aus Frauen besteht, freut sich über den neuen Mann, noch dazu einen „echter Professor". Mit diesem Treffen im Dezember 2016

The garden has benefited me more than I expected founded on theoretical considerations about the usefulness of urban agriculture concocted by myself and fellow researchers.

Every year we produce 3,000 two-person portions of fresh vegetables for the food bank. Check. We provide healthy activities in the open air for fifty people. Check. Every day we learn about the importance of a healthy soil. Check. We have installed a system for collecting rainwater. Check. We offer warm shelter for at least ten people with mental handicaps. Check. Several times a year we organize cultural events and gatherings for 200 local residents. Check. Every year we guide hundreds of students on field trips and introduce children from the adjacent primary school and daycare center to plants and insects. Check. We have created a complex of private gardens for people of Turkish and Moroccan descent and help people of foreign descent who volunteer at the community garden to learn the language. Check. We maintain good contacts with entrepreneurs in the area and supply them with local vegetables. Check. We maintain warm contacts with the municipality and the housing association about the use of the land and storage space for tools. Check. However, more important to me personally is the fact that the garden allows me to take root in my city; has given me friends; improves my physical and mental condition; increases my knowledge about soils, plants, animals, and people; and gives my life meaning.

1   Community gardens are a relatively new phenomenon in the City of Amsterdam, the first gardens were established in the 1990s. The bulk of the gardens are temporary land uses awaiting building activities on public and private land. The gardeners have short lease contracts or no contract at all. At the moment, the number of documented Amsterdam community gardens is about 50. https://maps.amsterdam.nl/stadslandbouw (Accessed March 10, 2021).

bei Kerzenlicht im Gewächshaus nimmt mein Leben einen neuen Verlauf: Es ist der Beginn einer „Karriere" als urbaner Teilzeitgärtner.

Diese Menschen im Gewächshaus sind meine neuen Freund*-innen, mit ihnen teile ich nun seit mehr als drei Jahren Freude und Leid. Der Garten hat mir mehr Vorteile gebracht, als meine Wissenschafts-kolleg*innen und ich anhand unserer theoretischen Erwägungen zum Nutzen urbaner Landwirtschaft erwartet hätten. Jedes Jahr produzieren wir 3000 Zwei-Personen-Portionen an frischem Gemüse für die Nah-rungsmittelausgabestelle. Check. Wir bieten 50 Personen gesunde Aktivitäten an der frischen Luft. Check. Jeden Tag lernen wir mehr über die Bedeutung von gesundem Boden. Check. Wir haben eine Regen-wassersammelanlage installiert. Check. Wir bieten wenigstens zehn Menschen mit geistigen Behinderungen eine warme Unterkunft. Check. Mehrere Male im Jahr organisieren wir kulturelle Events und Treffen für 200 lokale Anwohner*innen. Check. Jedes Jahr leiten wir Exkursio-nen mit Hunderten Studierenden und bringen den Kindern der um-liegenden Grundschulen und Kindertagesstätten Pflanzen und Insekten nahe. Check. Wir haben eine Anlage mit privaten Gärten für Menschen türkischer und marokkanischer Abstammung geschaffen und unter-stützen alle, die im Garten freiwillig mitarbeiten, beim Erlernen unserer Sprache. Check. Wir halten fruchtbare Kontakte zu den Geschäfts-leuten in der Gegend und versorgen sie mit lokalem Gemüse. Check. Wir stehen in gutem Kontakt mit der Stadt und der Wohnbaugesell-schaft im Hinblick auf die Nutzung des Landes und des Stauraums für Geräte. Check.

Für mich persönlich jedoch noch viel wichtiger ist die Tatsache, dass der Garten es mir ermöglicht, in meiner Stadt verwurzelt zu sein; mir Freundschaften bringt; meine physische und mentale Kondi-tion verbessert; mein Wissen um Boden, Pflanzen, Tiere und Men-schen erweitert; und meinem Leben Bedeutung gibt.

1   Gemeinschaftsgärten sind ein relativ neues Phänonmen in der Stadt Amsterdam. Die ersten Gärten wurden in den 1990er-Jahren eingerichtet. Der Großteil die-ser Gärten sind temporäre Landnutzungen, in Erwartung von Bauaktivitäten auf öffentlichem oder privatem Land. Die Gärtner*innen haben kurzzeitige Pacht-verträge oder überhaupt keine Verträge. Im Moment liegt die Anzahl der dokumen-tierten Amsterdamer Gemeinschaftsgärten bei 50. Siehe hierzu: https://maps. amsterdam.nl/stadslandbouw (letzter Zugriff: 10.03.2021).

2 Production of Food in the City

Produktion von Nahrungsmitteln in der Stadt

The Edible Park
June Komisar

Edible landscaping is more than an ornamental embellishment. Edible planting can be a statement or even a strategy to address the crises of climate change, increasing population, food insecurity, and the opposite problems of increasing urban density in some places and shrinking cities in others. The incorporation of productive gardens into public parks and other urban landscapes are transforming urban space into showcases for urban agriculture while at the same time adding to ways that people use parks and other public space. A selection of notable edible gardens that are features within public parks or public green space are presented here. Teaching gardens not only show a variety of methods for food production but also include other amenities, from play spaces and grassy lawns for picnics, to greenhouses and shaded community gathering hubs. Some are centers for hands-on learning, and some lead a second life as performance spaces. These gardens can be places for people to learn strategies for designing their own gardens, including the integration of cast-off materials, the use of vertical surfaces for growing, the incorporation of rain gardens and cisterns for water management, and the use of raised beds that solve problems of accessibility, temporary tenancy, and contaminated soil. Productive gardens were encouraged during times of crisis in the nineteenth and twentieth century on both public and private lands. In nineteenth-century Europe, public space was given over to allotment gardens for the poor (Nilson 2014). In Europe and North America during the two world wars, the need for fresh food was relatively uncompromised by any notion of the preciousness of public parkland. In Europe and North America, the creation of patriotic "war gardens" was promoted during World War I. Similarly, in World War II, vegetable gardening was encouraged in Europe and North America; even the US White House lawn featured a victory garden. While vegetable gardens in public spaces became disfavored again in the decades that followed, attitudes have changed once again about the aesthetics and importance of vegetable gardens in symbolic and public landscapes. The following examples demonstrate a spectrum of gardens that engage the public and the community to understand how food is grown, what can be grown, and strategies for growing.

Edible Allan Gardens, Toronto, Canada

Edible Allan Gardens was conceived as an opportunity to connect Toronto's historical Victorian-era conservatory and park to attendees of the 2015 Pan American Games—hosted in Toronto. The vision was to frame the entrance of the park's grand historical conservatory with raised bed planters featuring crops from all over the Americas. Although the idea came too late for implementation in time for the 2015 Pan Am Games, an edible container garden was developed the following year. This edible garden included food preferences of

Der essbare Park

June Komisar

Essbare Landschaftsgestaltung ist mehr als nur ornamentale Ver-
schönerung, essbare Bepflanzung kann ein Statement oder sogar eine
Strategie sein, um die Krisen des Klimawandels, der wachsenden
Bevölkerung, der Ernährungsunsicherheit und der gegenläufigen Pro-
blematik zunehmender urbaner Dichte an einigen Orten und schrump-
fender Städte an anderen zu bewältigen. Die Integration produktiver Gärten in öffentliche Parks und andere urbane Landschaften
transformiert städtischen Raum zu Schaufenstern für urbane Landwirtschaft und erweitert gleichzeitig die Möglichkeiten, wie Menschen
Parks und andere öffentliche Räume nutzen können. Im Folgenden wird eine Auswahl bemerkenswerter essbarer Gärten in öffentlichen
Parks oder öffentlichen Grünräumen vorgestellt. Lehrgärten zeigen
dabei nicht nur eine Vielzahl an Methoden der Nahrungsmittelproduktion, sondern schließen auch andere Ausstattungsmerkmale von
Spielplätzen über Rasenflächen für Picknicks bis zu Gewächshäusern
und schattigen Treffpunkten für die Gemeinschaft mit ein. Einige
sind Zentren für angewandtes Lernen und andere führen ein zweites
Leben als Veranstaltungsorte. Diese Gärten können Orte sein, an
denen Menschen Strategien für die Gestaltung ihrer eigenen Gärten
erlernen, einschließlich der Integration weggeworfener Gegen-
stände, der Nutzung vertikaler Flächen für den Anbau, der Einbindung
von Regengärten und Zisternen für das Wassermanagement und
der Nutzung von Hochbeeten, die Probleme wie Zugänglichkeit, temporäre Eigentumsverhältnisse und kontaminierte Böden lösen. In den
Krisenzeiten des 19. und 20. Jahrhunderts wurde die Anlage von produktiven Gärten auf öffentlichem und privatem Grund gefördert.
Im Europa des 19. Jahrhunderts wurden öffentliche Räume in zugeteilte
Gärten für die Armen umgewandelt (Nilson 2014). Während der beiden Weltkriege war in Europa und Nordamerika der Bedarf an frischen
Lebensmitteln so groß, dass die Unantastbarkeit von öffentlichen
Parklandschaften nur noch eine untergeordnete Rolle spielte. In Europa
und Nordamerika wurde während des Ersten Weltkriegs die Anlage
patriotischer „War Gardens" gefördert. Auch im Zweiten Weltkrieg gab
es in Europa und Nordamerika Unterstützung für den Gemüseanbau; sogar auf dem Rasen des Weißen Hauses in den USA befand sich
ein „Victory Garden". Während in den folgenden Jahrzehnten Gärten für den Gemüseanbau im öffentlichen Raum wieder in Vergessenheit
gerieten, hat sich nun die Einstellung zur Ästhetik und Bedeutung
dieser Gärten in symbolischen und öffentlichen Landschaften erneut
geändert. Die folgenden Beispiele zeigen ein Spektrum von Gärten,
in denen der Öffentlichkeit und der Gemeinschaft vermittelt wird, wie
und welche Nahrungsmittel angebaut werden können und welche
Strategien für den Anbau von Nutzen sind.

the many groups involved in planting and caring for the gardens, from indigenous to immigrant groups, all non-profit organizations and community groups from the immediate downtown core neighborhood. The garden became a hands-on design/build project by architecture students at Ryerson University, showcasing easy-to-build, easy-to-source container strategies, from gabion (filled wire mesh enclosure) baskets as seating and planters to corrugated metal enclosures for larger raised-bed planters. This was the result of several consultations with the neighboring non-profit organizations and included the integration of a pre-existing in-ground preschool children's garden, making it an all-ages facility. Through this iterative process, the young designers created a garden that would demonstrate what is possible to grow in small spaces in a "winter city," and was welcome to all.[1]

In the pandemic summer of 2020, the garden shifted from a space where people would learn about gardening while meeting neighbors, to a higher-yielding food-production space. Staff and volunteers donated produce weekly to one of the founding non-profit organizers of the garden, Building Roots, that shifted its focus to delivering fresh produce to the food insecure, a problem that became more acute with the city's emergency closures. Without the many community stakeholders involved in designing, building and planting, organizing workshops, and teaching, the garden couldn't have had the critical mass to last even one season. Furthermore, the shift from learning and fostering community to intensive growing for food security highlights the huge potential of such spaces.

Lafayette Greens, Detroit, USA

Lafayette Greens is a productive garden and park in a trapezoidal lot in downtown Detroit. Garden sheds with oversized sloping roofs, angled walls, recycled doors, and tall, slender proportions are beacons, drawing visitors to the garden and emphasizing the garden's intentionally playful design. In 2010, the site was a forlorn lot created by the demolition of a landmarked neoclassical high-rise, the Lafayette, an  act fought by preservationists. The city planned a park there; however, blogger Ken Welsch explains that plans were scaled back to just a field of grass (Welsch 2010). Instead, a local corporate executive, Peter Karmanos, chair of the nearby Compuware Corporation, saw potential for more, hiring the landscape architecture firm of Kenneth Weikal (Beth Hagenbuch, designer) and art curator Megan Heeres to design a productive, accessible garden on this 1,700-square-meter site, to be farmed by Compuware volunteers.[2] Now, the non-profit Greening of Detroit has assumed management of the garden. Seating throughout the garden beckons visitors, and a diagonal path invites pedestrians to walk across the site (Philips 2013). Linear productive garden beds are a contrast to a playful, curvy children's garden zone with sculptures, scarecrow figures, and over

Edible Allan Gardens, Toronto, Kanada

Die Edible Allan Gardens war ursprünglich geplant, um den Teilnehmenden der Panamerikanischen Spiele 2015, die in Toronto ausgetragen wurden, einen Zugang zu Torontos historischem Wintergarten und Park aus der viktorianischen Ära zu ermöglichen. Die Vision war, den Eingang des großartigen historischen Gewächshauses im Park mit Hochbeeten zu umgeben, in denen Pflanzen aus ganz Amerika angebaut werden sollten. Leider kam die Idee zu spät, um sie noch rechtzeitig zu den Panamerikanischen Spielen 2015 umzusetzen, aber im folgenden Jahr wurde ein essbarer Containergarten realisiert. Dieser essbare Garten zeigte die Ernährungsvorlieben der vielen Gruppen, die an der Bepflanzung und Pflege der Gärten beteiligt waren, angefangen bei der indigenen Bevölkerung bis hin zu den verschiedenen Gruppen von Immigrant*innen, gemeinnützigen Organisationen und Gruppen aus der unmittelbaren innerstädtischen Nachbarschaft. Architekturstudent*innen der Ryerson University realisierten im Garten ein praktisches Entwurfs-/Bauprojekt in Form einfach zu bauender und leicht zu beschaffender Behältnismodule, zum Beispiel mit Drahtgeflecht gefüllte Gabionenkörbe als Sitzgelegenheiten und Pflanzgefäße oder Wellblechgehäuse für größere Hochbeete. Das Projekt war das Ergebnis umfassender Beratungen mit den gemeinnützigen Organisationen in der Nachbarschaft und integrierte auch einen bereits vorhandenen Vorschulkindergarten, sodass allen Altersgruppen etwas geboten wurde. Mit dieser schrittweisen Vorgehensweise schufen die jungen Planer*innen einen Garten, der zeigt, was auf kleinem Raum in einer „Winterstadt" angebaut werden kann, und in dem alle willkommen sind.[1]

Im Pandemie-Sommer 2020 wandelte sich der Garten von einem Ort, an dem Menschen etwas über Gartenarbeit lernen und dabei Nachbar*innen treffen können, zu einem Ort für ertragreiche Lebensmittelproduktion. Mitarbeiter*innen und Freiwillige spenden die Erzeugnisse wöchentlich an Building Roots, eine der gemeinnützigen Gründungsorganisationen des Gartens, die nun ihren Schwerpunkt auf die Lieferung von frischen Produkten an Haushalte mit unsicherer Nahrungsmittelversorgung verlagert hat – ein Problem, das sich mit den Notfallschließungen der Stadt noch verschärft hat. Ohne die vielen Akteur*innen aus der Gemeinschaft, die an der Planung, dem Bau und der Bepflanzung, der Organisation von Workshops und dem Unterricht beteiligt waren, hätte der Garten nie die erforderliche Größe erreicht, um auch nur eine Saison zu überleben. Nicht zuletzt unterstreicht der Wechsel vom Lernen und der Stärkung der Gemeinschaft zum intensiven Anbau für die Ernährungssicherheit, wie groß das Potenzial solcher Räume ist.

Image 1:
Lafayette
Greens, view
from above
in early spring.
Photo:
June Komisar.

Abb. 1: Lafayette
Greens, Blick
von oben zu
Frühlingsbeginn.
Foto:
June Komisar.

Lafayette Greens, Detroit, USA

Lafayette Greens ist ein produktiver Garten und Park auf einem trapezförmigen Grundstück in der Innenstadt von Detroit. Die Gartenhäuser mit ihren überdimensionierten Schrägdächern, abgewinkelten Wänden, recycelten Türen und hohen, schlanken Proportionen erscheinen als Leuchttürme, die Besucher*innen in den Garten locken und

100 different plants. The park's prominence is enhanced by graphics on the raw brick wall that borders the garden and the lot's angled shape. The design also exploits a sloping site to create a variety of planter and bench heights. When the park's designers received an award from the American Society of Landscape Architects, the jury stated "This [garden] strikes such a great balance of design, scale, and economy that it makes a good model. And it's great that it's so visible right downtown" (American Society of Landscape Architects 2012). It is part of the managing organization's mission to "repurpose[e] the land to create beautiful and productive green space" (Greening of Detroit 2020).

The programming that Greening of Detroit provides makes Lafayette Greens more than just an urban oasis. The non-profit, as well as the original developers and designers, knew that small gardens such as this one can't have a yield that would feed a lot of people, but that even small gardens can make a difference. The park can be viewed as a success in many respects. The educational potential and the garden's capacity for community building are two of the park's assets. Lafayette Greens has been host to benefit concerts, belly dancing lessons, yoga and tai chi, and gardening workshops for children, youth, and adults (Smith 2015). In addition, a Greening of Detroit internship program called Green Corps has introduced youth to the many skills required for keeping productive gardens and tree care. Lafayette Greens is an example of a park designed with primarily edible landscaping and a bold design to provide much more than just food production (Richtr and Potteiger 2015). It is a showcase of sustainable practices: a *bio-swale* prevents storm water runoff; gabion structures filled with concrete rubble successfully reuse waste material; fruit trees provide both shade and food; and drip irrigation uses water efficiently in the organic garden beds. The design lends itself to Greening of Detroit's mission to program this and its other sites to maximize exposure, community building, education, and enjoyment of the gardens. Although the original benefactor is no longer involved in the project, without initial infusion of private money in the cash-strapped City of Detroit, how could such a garden be achieved? Could municipalities develop more such projects by stipulating that as part of the permitting process for building demolition there must be funding set aside for temporary garden installations and maintenance?

Image 2: Lafayette Greens, shed buildings and scarecrow. Photo: June Komisar.

Abb. 2: Lafayette Greens, Hütten mit Strohpuppe. Foto: June Komisar.

Jardin de la Duche Municipal Park, Nyon, Switzerland

The most engaging public spaces in Nyon, Switzerland, is Jardin de la Duche, designed by Ruth Vorlet and Paola Alfani and realized in 2007. Visitors navigate through this hillside park along a zigzagging route from the hilltop to the lake. The path caters for wheelchairs, baby carriages, and carts as it traverses a meadow, perennial plants, fruit trees, other edible plants, and, most notably, rows of grapevines—a bold display of local agricultural heritage. Forty-seven rows of grapevines are featured, representing both the local varietal grapes of Switzerland's La Côte region and the municipalities (communes) of the Nyon region. This arrangement allows visitors a close look at the many

bewusst die spielerische Gestaltung des Gartens unterstreichen.
Im Jahr 2010, nach dem von Denkmalschützer*innen heftig bekämpften
Abriss des Lafayette, eines denkmalgeschützten neoklassizistischen
Hochhauses, war das Gelände ein verwaistes Grundstück. Die Stadt
plante, dort einen Park anzulegen, der Blogger Ken Welsch fand jedoch
heraus, dass die Pläne auf eine bloße Rasenfläche reduziert worden
waren (Welsch 2010). Peter Karmanos, lokaler Unternehmer und Direk-
tor der nahegelegenen Compuware Corporation, erkannte, dass

der Ort mehr Potenzial hatte und beauftragte das Land-
schaftsarchitekturbüro von Kenneth Weikal (Hagenbuch
Weikal Landscape Architecture) und die Kunstkura-
torin Megan Heeres mit der Gestaltung eines produktiven, begehbaren Gartens auf dem 1700 Quadratmeter
großen Gelände, der von Freiwilligen von Compuware
bewirtschaftet werden sollte.[2] Mittlerweile hat die
gemeinnützige Organisation Greening of Detroit das
Management des Gartens übernommen. Die über den gesamten
Garten verteilten Sitzgelegenheiten locken Besucher*innen an und
ein diagonaler Weg lädt dazu ein, durch das Gelände zu flanieren
(Philips 2013). Lineare, produktive Gartenbeete bilden einen Kontrast
zu einer verspielten, kurvigen Kindergartenzone mit Skulpturen,
Strohpuppen und über 100 verschiedenen Pflanzen. Grafische Darstel-
lungen auf der rohen Ziegelmauer, die den Garten begrenzt, und
die abgewinkelte Form des Grundstücks betonen die Attraktivität des
Parks. Bei der Planung wurde die Schräglage des Grundstücks genutzt,
um Pflanzgefäße und Bänke mit unterschiedlichen Höhen zu schaffen. Anlässlich der Auszeichnung der Planer*innen des Parks durch die
American Society of Landscape Architects erklärte die Jury: „Dieser [Garten] stellt eine so gute Balance zwischen Design, Maßstab und
Wirtschaftlichkeit her, dass er Modellcharakter hat. Und es ist groß-
artig, dass er direkt in der Innenstadt so sichtbar ist" (American Society
of Landscape Architects 2012). Es ist Teil des Auftrags der Verwaltung, „das Land neu zu nutzen, um schöne und produktive Grünflächen
zu schaffen" (Greening of Detroit 2020). Die Programme, die Greening
of Detroit anbietet, machen Lafayette Greens zu mehr als einer Oase
in der Stadt. Der gemeinnützigen Organisation und den ursprünglichen
Entwickler*innen und Planer*innen war durchaus bewusst, dass
kleine Gärten wie dieser zwar nicht ertragreich genug sind, um viele
Menschen zu ernähren, dass sie aber trotzdem etwas bewirken
können. Der Park kann in vielerlei Hinsicht als Erfolg gewertet werden. Das pädagogische Potenzial und das Potenzial des Gartens
zur Gemeinschaftsbildung sind nur zwei seiner Qualitäten. Im Lafayette
Greens werden Benefizkonzerte, Bauchtanzkurse, Yoga und Tai-Chi
sowie Gartenbauworkshops für Kinder, Jugendliche und Erwachsene
veranstaltet (Smith 2015). Darüber hinaus vermittelt ein Praktikums-
programm seitens Greening of Detroit mit dem Namen „Green Corps"
Jugendlichen das vielfältige Wissen, das für die Pflege von produktiven Gärten und Bäumen erforderlich ist. Lafayette Greens ist ein
Beispiel für einen Park, der in erster Linie als essbare Landschaft mit

regional grape varieties, while also providing an introduction to the edible plants that would be included in a traditional kitchen garden. All of this conceals a parking garage below, accessed via a steel and glass elevator that harmonizes in character with bold wood, wire, and metal arbor/benches that provide shade, trellises, and a place for rest, contemplation, and observation. Jardin de la Duche complements its setting, as this contemporary park is adjacent to a national historic site and museum, the Château de Nyon, first built in the twelfth century and transformed through the centuries. With the comprehensive collection of locally grown grapes, the park becomes an expression of the region's heritage, fitting for a park adjacent to an historic château that is both museum and monument. This is not just a productive park, but it also serves as a green roof. Many cities have underground parking garages and some of these are covered with green roof parks, such as Millennium Park in Chicago and Post Office Square in Boston. Increasingly, cities have been instituting regulations that require or encourage green roofs because of their many benefits that, beyond the aspects of parkland, also help to mitigate the urban heat island effect, providing some cooling in summer, minimizing heat loss in winter, and greatly reducing storm-water runoff which, in this case, would flow into Lake Geneva. This would not serve the lake well, since drainage from a typical concrete garage roof or paved surface is filled with elements detrimental to lakes and other waterways. The park serves several purposes simultaneously: it is an urban connector, an expression of agricultural heritage, and a heat-mitigating green roof beneficial to the adjacent lake.

Les Jardins du Muséum à Borderouge, Toulouse, France

Les Jardins du Muséum is a 3-hectare garden designed by 360° Architecture, and T. Chabbert/Quinconces, and built in 2013. Part of the expansive Park Maourine, it is an extension of the city's natural history museum. The park showcases edible plants from all over the world. Learning by doing programming for this garden-within-a-park ranges from gardening to discovering nature to cooking, with workshops for all age groups. Separated from the park by fencing and a visitor's structure with meeting rooms, this garden is not casually accessible. However, the management takes outreach seriously, welcoming over 9,500 student and "extracurricular" visitors a year (Muséum Toulouse 2016). The issue of universal design was robustly addressed from the creation of wide gravel pathways and explanatory signage in braille to an elevator accessing a broad steel walkway and viewing platform overlooking garden plots and the hands-on learning area. This platform doubles as a trellis shade structure where tours, classes,

Image 5: Jardin de la Duche, view towards elevated trellis walkway. Photo: Joe Nasr.

Abb. 5: Jardin de la Duche, Blick auf den höher gelegenen Spalierweg. Foto: Joe Nasr.

Image 3 & 4: Jardin de la Duche, path by the grapevines with elevator and bench/arbor. Photo: Joe Nasr.

Abb. 3 & 4: Jardin de la Duche, Weg durch die Weinstöcke mit Aufzug und Bank/Balken. Foto: Joe Nasr.

einem mutigen Design entworfen wurde, er bietet jedoch viel mehr als nur die Produktion von Nahrungsmitteln (Richtr/Potteiger 2015). Er ist ein Paradebeispiel für nachhaltige Praktiken: Ein *bioswale* verhindert den Abfluss von Regenwasser, für die mit Betonschutt gefüllten Gabionen wird erfolgreich Abfallmaterial verwendet, Obstbäume spenden sowohl Schatten als auch Nahrung und durch Tropfbewässerung wird das Wasser in den Öko-Gartenbeeten effizient genutzt. Das Design unterstützt Greening of Detroit bei seiner Aufgabe, diesen und andere Standorte so zu gestalten, dass sie möglichst viele Menschen ansprechen, Gemeinschaft bilden, Lernen ermöglichen und Freude bereiten. Obwohl der ursprüngliche Initiator nicht mehr an dem Projekt beteiligt ist, stellt sich die Frage, ob es möglich gewesen wäre, einen solchen Garten ohne die anfängliche Zuwendung privater Mittel in der finanzschwachen Stadt Detroit zu realisieren. Vielleicht könnten die Kommunen aber mehr solche Projekte verwirklichen, wenn sie fordern würden, dass als Teil des Genehmigungsverfahrens für den Abriss von Gebäuden Mittel für die temporäre Anlage und Pflege von Gärten bereitgestellt werden.

Stadtpark Jardin de la Duche, Nyon, Schweiz

Der attraktivste öffentliche Raum in Nyon ist der Jardin de la Duche, der von Ruth Vorlet und Paola Alfani entworfen und im Jahr 2007 realisiert wurde. Die Besucher*innen bewegen sich durch diesen am Hang gelegenen Park entlang einer Zickzack-Route, die sich von der Hügelkuppe hinunter zum See zieht. Der Weg ist für Rollstühle, Kinderwagen und andere Gefährte geeignet und durchquert eine Wiese und Bereiche mit Stauden, Obstbäumen, anderen essbaren Pflanzen und vor allem Reihen von Weinstöcken – eine stolze Präsentation des lokalen landwirtschaftlichen Erbes. 47 Reihen von Weinstöcken repräsentieren sowohl die lokalen Rebsorten der Schweizer Region La Côte als auch die der Gemeinden (Kommunen) der Region Nyon. Die Besucher*innen erhalten einen Überblick über die vielen regionalen Rebsorten und gleichzeitig eine Einführung in die essbaren Pflanzen, die man auch in einem traditionellen Küchengarten finden kann. Unter dem Park verbirgt sich eine Tiefgarage, die über einen Aufzug aus Stahl und Glas erreichbar ist. Dieser Aufzug harmoniert in seinem Charakter mit den kühn gestalteten Bänken und Balken aus Holz, Draht und Metall, die Schatten spenden, Spaliere bilden und Platz zum Ausruhen, Betrachten und Beobachten bieten. Der zeitgenössische Park Jardin de la Duche ist eine Ergänzung zum angrenzenden Château de Nyon, einem Schloss und Museum an einem nationalen historischen Standort, das im 12. Jahrhundert erbaut

und im Laufe der Zeit immer wieder umgestaltet wurde. Mit seiner umfangreichen Sammlung lokal angebauter Rebsorten wird der Park zu einem Ausdruck des Erbes der Region und schließt so harmonisch an das angrenzende historische Schloss an, das sowohl ein Museum als auch ein Baudenkmal ist. Der Park wird jedoch nicht nur produktiv genutzt, er dient auch als grünes Dach.

and individual visitors can take refuge. A formal grid of garden plots consists of beds thematically arranged by region or climate, from tropical plants to New World crops, and several thematically grouped by crop usage. A large pond with a waterwheel and aquatic plants such as reeds, creates a habitat for wildlife, adding to the biodiversity of the garden, and also distributes a closed water circuit through the site. A wooden trellis shades the plaza, the building, and part of the event space, while providing identity for the space within the park. This also creates a barrier, but it enables protection for delicate plants and provides space needed for robust educational programming, an essential part of the project.

While it is difficult to measure the effect of demonstration and teaching gardens on food literacy and community engagement, the dramatic shift in how our public green space is designed and used is worth noting. Good design may be key to community acceptance and adoption of gardens with edible plants within parks and other public spaces. Another key may be a community consultation process that listens to what the stakeholders want and need. While challenges and needs vary considerably from one site and city to another, some lessons can be gleaned from even this small sample.[3]

1   Edible Allan Gardens design team was led by Ashley Adams. Organizers included Building Roots, Centre Francophone, City of Toronto, Food Forward, Friends of Allan Gardens, Garden District Residents' Association, Green Thumbs Growing Kids, Ryerson University, and Toronto Urban Growers.

2   The project was coordinated by Gwen Meyer.

3   This is based on a paper delivered at the symposium *The Culture of Cultivation: Designing with Agriculture*, Nov. 2017.

Image 6: Jardin du Muséum, steel catwalk and trellis above the accessible garden. Photo: June Komisar.

Abb. 6: Jardin du Muséum, Stahlsteg und Spalier über dem zugänglichen Garten. Foto: June Komisar.

Viele Städte haben Tiefgaragen, und einige davon sind mit Parks überdacht, wie der Millennium Park in Chicago und der Post Office Square in Boston. Immer mehr Städte führen Vorschriften ein, die eine Dachbegrünung vorschreiben oder unterstützen, da diese grünen Dächer neben den Vorteilen einer Parkanlage auch dazu beitragen, den städtischen Wärmeinseleffekt zu mindern. Im Sommer sorgen sie für eine gewisse Abkühlung, im Winter verringern sie den Wärmeverlust und reduzieren den Regenwasserabfluss, der in diesem Fall in den Genfer See münden würde. Dies würde dem See schaden, da das Abwasser von einem typischen Betongaragendach oder einer gepflasterten Fläche Stoffe enthält, die Seen und andere Wasserläufe belasten. Der Park dient mehreren Zwecken gleichermaßen: Er schafft eine städtische Verbindung, er ist Ausdruck des landwirtschaftlichen Erbes und ein wärmeregulierendes Gründach, das dem angrenzenden See zu Gute kommt.

Les Jardins du Muséum à Borderouge, Toulouse, Frankreich

Les Jardins du Muséum ist ein 3 Hektar großer Garten, der von 360° Architecture und T. Chabbert/Quinconces entworfen und 2013 realisiert wurde. Er ist Teil des weitläufigen Parks Maourine und somit eine Erweiterung des Naturkundemuseums der Stadt. Im Park werden essbare Pflanzen aus der ganzen Welt gezeigt. Im Rahmen des Programms „Learning by Doing" werden Workshops für alle Altersgruppen veranstaltet, in denen gegärtnert, Natur erlebt und gekocht werden kann. Der Garten ist durch einen Zaun und ein Besuchergebäude mit Versammlungsräumen vom Park getrennt und nicht ohne Weiteres zugänglich. Die Verwaltung legt jedoch großen Wert darauf, eine breite Öffentlichkeit zu erreichen – der Garten wird von über 9500 Studierenden und „außerschulischen" Besucher*innen pro Jahr besucht (Muséum Toulouse 2017). Das Konzept des Universal Design wurde hier konsequent umgesetzt, von der Schaffung breiter Kieswege und erklärender Beschilderung in Blindenschrift bis hin zu einem Aufzug, der zu einem breiten Stahlsteg und einer Aussichtsplattform mit Blick auf die Gartenparzellen und den praktischen Lernbereich führt. Auf der Plattform gibt es ein schattenspendendes Spalier, unter dem sich Teilnehmer*innen von Führungen, Schulklassen und Einzelbesucher*innen erholen können. Das formale Raster der Gartenparzellen besteht aus Beeten, die thematisch nach Regionen oder Klimazonen angeordnet sind, zum Beispiel mit tropischen Pflanzen, Pflanzen aus der „Neuen Welt", und einigen Gruppen von Pflanzen, die thematisch nach ihrer Verwendung geordnet sind. Ein großer Teich mit einem Wasserrad, Wasserpflanzen und Schilf schafft einen Lebensraum für die Tierwelt, trägt zur Biodiversität des Gartens bei und stellt darüber hinaus einen geschlossenen Wasserkreislauf durch das Gelände her. Ein hölzernes Spalier beschattet die Plaza, das Gebäude und einen Teil der Veranstaltungsfläche und verleiht dem Raum innerhalb des Parks so eine Identität. Es bildet auch eine Barriere zu den empfindlichen Pflanzen und bietet den nötigen Platz für das umfassende Bildungsangebot, das ein wesentlicher Bestandteil des Projekts ist.

Obwohl es schwierig ist, die Wirkung von Demonstrations- und Lehrgärten auf *Food Literacy* und gemeinschaftliches Engagement zu
messen, verdient die deutliche Veränderung im Hinblick darauf, wie
unsere öffentlichen Grünräume gestaltet und genutzt werden, unsere Beachtung. Gute Designkonzepte können eine wichtige Rolle
dabei spielen, wie Gärten mit essbaren Pflanzen in Parks und anderen
öffentlichen Räumen von der Gemeinschaft akzeptiert und ange-
nommen werden. Ein weiterer wichtiger Aspekt ist ein gemeinschaftlicher Beratungsprozess, der auf die Wünsche und Bedürfnisse der
Akteur*innen eingeht. Obwohl die Herausforderungen und Bedürfnisse
von Ort zu Ort und von Stadt zu Stadt sehr unterschiedlich sind,
lassen sich selbst aus diesem kleinen Beispiel Lehren ziehen.[3]

1   Das Planungsteam von Edible Allan Gardens wurde von Ashley Adams geleitet.
     Zu den Organisierenden gehörten Building Roots, Centre Francophone, die
     Stadt Toronto, Food Forward, Friends of Allan Gardens, die Garden District
     Residents' Association, Green Thumbs Growing Kids, die Ryerson University
     und Toronto Urban Growers.

2   Das Projekt wurde von Gwen Meyer koordiniert.

3   Dieser Text basiert auf einem Vortrag für das Symposium *The Culture of
     Cultivation: Designing with Agriculture*, November 2017.

American Society of Landscape Architects (2012):
Professional Awards Jury. https://www.asla.org/
2012awards/073.html. (Accessed March 10, 2021).

Greening of Detroit 2020,
https://www.greeningofdetroit.com/about-us
(Accessed March 10, 2021).

Muséum Toulouse: *Rapport d'Activité 2016*. Version 26
Avril (2017). Toulouse: Toulouse Metropole.

Nilson, M. (2014): *The Working Man's Green Space:
Allotment Gardens in England, France, and Germany,
1870–1919*. Charlottesville, VA: University of Virginia
Press.

Philips, A. (2013): "Food Cities: Ecology and Urban
Agriculture, Lafayette Greens, Detroit Michigan."
In: *Designing Urban Agriculture: A Complete Guide to
the Planning, Design, Construction, Maintenance, and
Management of Edible Landscapes.* New Jersey: Wiley.

Richtr, J. / Potteiger, M. (2015): *Farming as a tool of urban
rebirth? Urban agriculture in Detroit 2015: a case study.
7th International Aesop Sustainable Food Planning Conference
Proceedings*. Cinà, G. / Dansero, E. (eds.) Torino,
Politecnico di Torino, pp. 463–477.

Smith, K. (2015): "Lafayette Greens spreads gospel
of farming in Detroit." In: *The Detroit News*, July 11, 2015.
http://www.detroitnews.com/story/news/local/detroit-city/
2015/07/11/lafayette-greens-spreads-gospel-farming-heart-
detroit/30023311 (Accessed March 10, 2021).

Welsch, K. (2010): "Park plans scrapped. Lafayette
Building site to be a field of grass." In: *Detroit Times*,
October 9, 2010. http://fromthekage.blogspot.ca/
2010/10/park-plans-scrapped-lafayette-building.html
(Accessed March 10, 2021).

American Society of Landscape Architects (2012):
Professional Awards Jury. Unter: https://www.asla.org/
2012awards/073.html (letzter Zugriff: 10.03.2021).
Übersetzung durch: Dettmers und Weps, Berlin.

Greening of Detroit (2020). Unter: https://www.greenin-
gofdetroit.com/about-us (letzter Zugriff: 10.03.2021).

Muséum Toulouse (2017): *Rapport d'Activité 2016*.
Version: 26. April 2017. Toulouse: Toulouse Metropole.

Nilson, M. (2014): *The Working Man's Green Space:
Allotment Gardens in England, France, and Germany,
1870–1919*. Charlottesville, VA: University of Virginia
Press.

Philips, A. (2013): „Food Cities: Ecology and Urban
Agriculture, Lafayette Greens, Detroit Michigan".
In: *Designing Urban Agriculture: A Complete Guide to the
Planning, Design, Construction, Maintenance, and
Management of Edible Landscapes.* New Jersey: Wiley.

Richtr, J. / Potteiger, M. (2015): „Farming as a tool of
urban rebirth? Urban agriculture in Detroit 2015: a case
study". In: G. Cinà / E. Dansero (Hrsg.): *Localizing
urban food strategies. Farming cities and performing rurality.
7th International Aesop Sustainable Food Planning Conference
Proceedings, Torino, 7–9 October 2015*. Turin: Politecnico
di Torino, S. 463–477.

Smith, K. (2015): „Lafayette Greens spreads gospel
of farming in Detroit". In: *The Detroit News*, 11. Juli 2015.
Unter: http://www.detroitnews.com/story/news/local/
detroit-city/2015/07/11/lafayette-greens-spreads-gospel-
farming-heart-detroit/30023311 (letzter Zugriff: 10.03.2021).

Welsch, K. (2010): „Park plans scrapped. Lafayette
Building site to be a field of grass". In: *Detroit Times*,
9. Oktober 2010. Unter: http://fromthekage.blogspot.ca/
2010/10/park-plans-scrapped-lafayette-building.html
(letzter Zugriff: 10.03.2021).

Allotments, Community Gardens, and their Cousins: An Increasingly Mixed Family of Communal Garden Spaces and Practices
Joe Nasr

To many, the "allotment" appears to be quintessentially English. It has siblings under many forms and names across the European continent, including the German *Schrebergarten*, the French *jardin ouvrier* or *jardin familial*. Across the Atlantic in the US, there is no such thing as an allotment, as the community garden dominates. However, American community gardens are largely made up of individual plots, most of which are fenced from each other. Typically shared are a shed, a gathering area, tools, general rules of practice, sometimes a limited area devoted to growing food; overall, much of the practice in a "community" garden is individual rather than communal—not that different from the way an allotment is used.

The American "community garden" concept has crossed the ocean towards Europe in recent decades, often posited in specific contrast to the allotment—its close but conflicting cousin. Meanwhile, in Canada, both models have coexisted side by side, in both the Anglophone and Francophone parts of the country. In the English-speaking provinces, both the allotments and the community gardens are well-established. In Quebec, the community garden is known as *jardin collectif*, while the allotment is a *jardin communautaire*—scrambling the terminology used across the linguistic divide.

These variations that are based on different languages, cultures, and practices raise a number of questions about the characteristics that are attached to specific types like "allotment" or "community garden"—characteristics that are often fixed in particular countries or regions through representative bodies[1] and municipal regulations. "Communal gardening" may be the most appropriate term for the practice of gardening with or close to others, in some form of common space, with some level of oversight. This represents well what brings together disparate practices.

What might be the characteristics, differences, and commonalities within this overall category of urban agriculture? Five projects from across Canada will be shared to illustrate a range of aspects that are atypical and can expand the understanding well beyond the classic elements of an allotment or community garden. The cases presented here are all detailed on the Carrot City website.[2]

1. The Stop Community Food Centre at Artscape Wychwood Barns, Toronto. A community garden here is part of a multi-faceted food hub, located within a larger multipurpose facility for the arts and the environment. The community garden is based on defined plots, and each one is planted collectively by a different immigrant group.

Kleingärten, Gemeinschaftsgärten und ihre Verwandten: Eine zunehmend gemischte Familie gemeinschaftlicher Gartenräume und Praktiken

Joe Nasr

Für viele ist der Kleingarten ein typisch englisches Konzept. Der Kleingarten hat jedoch auf dem gesamten europäischen Kontinent in verschiedenen Formen und unter verschiedenen Namen viele Verwandte, zum Beispiel den deutschen Schrebergarten oder den französischen *jardin ouvrier* oder *jardin familial*. Jenseits des Atlantiks, in den USA, gibt es so etwas wie einen Kleingarten nicht, dort dominiert der Gemeinschaftsgarten. Amerikanische Gemeinschaftsgärten bestehen jedoch größtenteils ebenfalls aus einzelnen Parzellen, die meist durch Zäune voneinander getrennt sind. Zur gemeinsamen Nutzung stehen normalerweise ein Schuppen, ein Versammlungsbereich, Werkzeuge, allgemeine Verhaltensregeln und manchmal ein begrenzter Bereich für den Anbau von Nahrungsmitteln bereit. Ein Großteil der Gemeinschaftsgärten wird jedoch eher individuell als gemeinschaftlich genutzt – und unterscheidet sich deshalb in der Nutzungsweise nicht so sehr von einem Kleingarten.

Das amerikanische Konzept des Gemeinschaftsgartens hat sich in den letzten Jahrzehnten auch in Europa durchgesetzt, oft jedoch als Gegenstück zum Kleingarten – seinem nahen, aber gegensätzlichen Verwandten. In Kanada wiederum existieren beide Modelle nebeneinander, und zwar sowohl in den anglophonen als auch in den frankophonen Landesteilen. In den englischsprachigen Provinzen sind Kleingärten und Gemeinschaftsgärten weitverbreitet. In Quebec ist der Gemeinschaftsgarten als *jardin collectif* bekannt, während der Kleingarten ein *jardin communautaire* ist – was über die Sprachgrenze hinweg zu Verwirrungen in der Terminologie führt.

Diese verschiedenen Varianten, die auf unterschiedliche Sprachen, Kulturen und Praktiken zurückgehen, werfen eine Reihe von Fragen über die Besonderheiten der spezifischen Typen von Kleingärten oder Gemeinschaftsgärten auf – Besonderheiten, die in bestimmten Ländern oder Regionen oft durch Vertretungsgremien[1] und kommunale Vorschriften festgelegt sind. Gemeinschaftliches Gärtnern ist vielleicht der passendste Begriff für die Praxis des Gärtnerns – gemeinsam mit oder in der Nähe von anderen in einer Art von gemeinsamem Raum und unter einem gewissen Maß an Aufsicht. Es ist eine gute Beschreibung der Gemeinsamkeiten der unterschiedlichen Praktiken.

Was sind die Merkmale, Unterschiede und Gemeinsamkeiten innerhalb der Gesamtkategorie der urbanen Landwirtschaft? Anhand von fünf Projekten aus Kanada analysiere ich eine Reihe von Aspekten, die atypisch sind und somit das Verständnis weit über die klassischen Aspekte eines Kleingartens oder Gemeinschaftsgartens hinaus vertiefen können. Die hier vorgestellten Projekte sind ausführlich auf der Website Carrot City[2] beschrieben.

2.   Mole Hill, Vancouver. This full block of historical houses was acquired by the municipality and slated for demolition, but opposition led to their preservation as social housing, with the laneway turned into a green spine. Small individual growing spaces were included as an amenity at the heart of the broader communal space, showing the potential integration of community gardens into housing.

3.   Carrot Green Roof, Toronto. The roof of this supermarket was transformed into a public communal space with different groups planting different parts of it, along with space for cooking and gathering. The use of the Carrot Green Roof has evolved since its creation; during the COVID-19 pandemic, its focus pivoted to maximize production to supply vulnerable populations.

4.   Inuvik Community Greenhouse, Inuvik, Nunavut. This small town north of the Arctic Circle transformed its former hockey arena into a community greenhouse. The building functions partly as a space for growing food, partly as a gathering space for the community. Income generation from the sale of the valuable crops helps fund the operation costs.

5.   Fresh City Farms, Toronto. This fast-growing enterprise producing, processing and marketing food has incorporated urban agriculture as part of its activities from the start. Embedded in its commercial farm are individual "member farmers," who produce crops on their plots and sell them partly to the company and partly at city markets. This farm is thus a private incubator farm with elements of a community garden.

These cases show multiple forms of gardening together; multiple dimensions are sometimes found within a single project. Recent developments illustrated here are mixing the bloodlines in this extended family of practices. Despite the great diversity demonstrated in these cases, common ground could still be found among the varied forms of gardening together. Ultimately, communal gardening is as diverse as all of urban agriculture.[3]

1   See, for instance, *The National Society of Allotment and Leisure Gardeners*: https://www.nsalg.org.uk/allotment-info/ vs. *The Social Farms & Gardens*: https://www.farmgarden.org.uk/our-work (Accessed March 10, 2021).

2   www.carrotcity.org. Each project can be located through the index at https://www.ryerson.ca/carrotcity/index/index_intro.html (Accessed March 10, 2021).

3   This text is partly based on a lecture first presented at the Growing in Cities Conference in Basel in September 2016 as part of the COST Action 'Urban Allotment Gardens in Europe'.

1. Der Gemeinschaftsgarten Stop Community Food Centre in Artscape Wychwood Barns, Toronto, ist Teil eines Komplexes mit einem breit gefächerten Lebensmittelangebot und liegt innerhalb eines größeren Mehrzweckzentrums für Kunst und Umwelt. Der Gemeinschaftsgarten besteht aus definierten Parzellen, die jeweils gemeinsam von unterschiedlichen migrantischen Gruppen bepflanzt werden.

2. Mole Hill, Vancouver: Dieser Block mit historischen Häusern wurde von der Stadtverwaltung erworben und sollte eigentlich abgerissen werden. Nachdem sich Widerstand gegen dieses Vorhaben regte, wurden die Gebäude in Sozialwohnungsbauten und wurde die durchgehende Straße in das grüne Rückgrat des Komplexes umgewandelt. Als weiteres Ausstattungsmerkmal wurden im Zentrum des weiteren gemeinschaftlichen Raums kleine individuelle Anbauflächen ausgewiesen. Mole Hill ist ein Beispiel dafür, dass Gemeinschaftsgärten gut in den Wohnungsbau eingebunden werden können.

3. Carrot Green Roof, Toronto: Das Dach dieses Supermarktes wurde in einen öffentlichen Gemeinschaftsraum umgewandelt, der von verschiedenen Gruppen bepflanzt wird. Es gibt einen Platz zum Kochen, der auch als Treffpunkt dient. Die Nutzung des Carrot Green Roof wurde seit seiner Anlegung ständig weiterentwickelt; so wurde zum Beispiel während der Covid-19-Pandemie der Schwerpunkt auf die Maximierung der Produktion für die Versorgung von vulnerablen Bevölkerungsgruppen gelegt.

4. Inuvik Community Greenhouse, Inuvik, Nunavut: Diese kleine Stadt nördlich des Polarkreises hat ihre ehemalige Hockeyarena in ein Gemeinschaftsgewächshaus umgewandelt. Das Gebäude dient zum einen als Raum für den Anbau von Lebensmitteln und zum anderen als Treffpunkt für die Gemeinschaft. Die Einnahmen aus dem Verkauf der verwertbaren Nutzpflanzen tragen dazu bei, die Betriebskosten zu decken.

5. Das schnell wachsende Unternehmen Fresh City Farms, Toronto, das Lebensmittel produziert, verarbeitet und vermarktet, hat von Anfang an die urbane Landwirtschaft in sein Geschäftsmodell integriert. Eingebettet in die kommerzielle Landwirtschaft gibt es einzelne Mitgliedslandwirt*innen, die auf ihren Parzellen Pflanzen anbauen und diese teilweise an das Unternehmen und teilweise auf den städtischen Märkten verkaufen. Dieser Landwirtschaftsbetrieb ist damit ein privater Inkubator, der Elemente eines Gemeinschaftsgartens aufweist.

All diese Projekte sind Beispiele für die vielfältigen Formen des gemeinsamen Gärtnerns, wobei sich manchmal mehrere unterschiedliche Formen innerhalb eines einzigen Projekts wiederfinden. Die hier

dargestellten aktuellen Entwicklungen zeigen, wie sich die Stammbäume dieser Großfamilie von Praktiken vermischen. Trotz der großen Vielfalt der hier beschriebenen Projekte gibt es durchaus Gemeinsamkeiten zwischen den verschiedenen Formen des gemeinschaftlichen Gärtnerns, das heißt: Das gemeinschaftliche Gärtnern ist so vielfältig wie die gesamte urbane Landwirtschaft.[3]

1   Siehe etwa *The National Society of Allotment and Leisure Gardeners*, unter: https://www.nsalg.org.uk/allotment-info/, im Gegensatz zu *Social Farms & Gardens*, unter: https://www.farmgarden.org.uk/our-work (beide letzter Zugriff: 10.03.2021).

2   www.carrotcity.org. Die Projekte finden sich im Index unter: https://www.ryerson.ca/carrotcity/index/index_intro.html (beide letzter Zugriff: 10.03.2021).

3   Dieser Beitrag basiert teilweise auf einem Vortrag, der ursprünglich auf der Konferenz *Growing in Cities* (Basel, September 2016) im Rahmen der COST-Aktion „Urban Allotment Gardens in Europe" gehalten wurde.

Crisis Farming 2020/21

Nevin Cohen

Cities have always been sites of subsistence food production, particularly during disruptions to food supplies caused by war, urban disinvestment, economic recessions, and environmental disasters. The COVID-19 pandemic is the latest example of a crisis with profound health, social, and economic impacts that make the co-benefits of urban agriculture so important to vulnerable communities. The roughly half million residents of New York City Housing Authority (NYCHA) apartment buildings, the city's public housing, are among the New Yorkers most vulnerable to COVID-19 and the economic fallout of the pandemic.

In six NYCHA developments, with approximately 18,000 residents, an innovative project launched in 2016 illustrates the potential and limitations of food production to address the pandemic's effects. The project, called Farms at NYCHA (FAN), consists of large-scale urban farms built in the center of each of six housing developments. The project is a public-private partnership between the NYC Office of the Mayor, the Housing Authority, the Mayor's Fund to Advance NYC, the Fund for Public Health NYC, the non-profit Green City Force, and community-based urban agriculture organizations. Each farm has been designed, built, and operated by Green City Force, which recruits young public housing residents and trains them to grow, harvest, and distribute produce, provide nutrition education and cooking demonstrations, and run farm-based gatherings to foster community cohesion. The young farmers are part of AmeriCorps, a federal program that financially supports young people to engage in public service, helping under-served US communities while building employment or college skills.

Most NYCHA developments are high-rise buildings in superblocks, with large open spaces that are sparsely landscaped and often underused. The farms, which total 18,755 square meters, have activated these spaces by providing places for residents to interact with the farmers, making them more pleasant and safer. Public housing residents are engaged with the project through weekly farm stands, where the harvest is distributed for free and educational activities are delivered by the farmers. Environmental co-benefits include food scrap composting, stormwater capture by the raised farm beds, and environmental education for visiting schoolchildren. During the first three years of operation, the farms grew and distributed approximately 26,000 kg of produce worth $119,000. While the farms supply residents only with a small quantity of vegetables per capita, residents surveyed reported that they have encouraged them to buy more and different vegetables than they had previously, adding more vegetables to their diets (CUNY Urban Food Policy Institute 2019).

Landwirtschaftlicher Anbau in der Krisenzeit 2020/21
Nevin Cohen

Städte waren schon immer Orte der Subsistenzproduktion von Nahrungsmitteln, insbesondere bei Unterbrechungen der Lebensmittelversorgung durch Kriege, städtische Desinvestitionen, Wirtschaftsrezessionen und Umweltkatastrophen. Die Covid-19-Pandemie ist das jüngste Beispiel einer solchen Krise mit tief greifenden gesundheitlichen, sozialen und wirtschaftlichen Auswirkungen, die den Zusatznutzen der urbanen Landwirtschaft so wichtig für vulnerable Bevölkerungsgruppen machen. Die rund eine halbe Million Bewohner*innen der Wohngebäude der New York City Housing Authority (NYCHA), der öffentlichen Wohnungsbehörde der Stadt, gehören zu jenen New Yorker*innen, die am stärksten von Covid-19 und den wirtschaftlichen Folgen der Pandemie betroffen sind.

In sechs NYCHA-Siedlungen mit ca. 18.000 Bewohner*innen wurde 2016 ein innovatives Projekt gestartet, das die Möglichkeiten und Grenzen der Nahrungsmittelproduktion zur Bekämpfung der Auswirkungen der Pandemie aufzeigt. Das Projekt mit dem Namen Farms at NYCHA (FAN) besteht aus in großem Maßstab angelegten städtischen Farmen, die im Zentrum jeder der sechs Wohnsiedlungen angelegt wurden. Das Projekt ist eine öffentlich-private Partnerschaft zwischen dem NYC-Bürgermeisteramt, der Wohnungsbehörde, dem Unterstützungsfonds Mayor's Fund to Advance NYC, dem Gesundheitsförderungsfonds Fund for Public Health NYC, dem gemeinnützigen Programm Green City Force und gemeinschaftsbasierten Organisationen für urbane Landwirtschaft. Alle diese Farmen wurden von Green City Force entworfen und gebaut. Sie werden auch von Green City Fore betrieben, und das Programm wirbt junge Bewohner*innen der Sozialwohnungen an und schult sie für den Anbau, die Ernte und den Vertrieb der Produkte. Es werden Ernährungserziehung und Kochvorführungen angeboten und Zusammenkünfte auf den Farmen organisiert, um den Zusammenhalt der Gemeinschaft zu fördern. Die jungen Farmer*innen sind Teil von AmeriCorps, einem Bundesprogramm, das junge Menschen finanziell dabei unterstützt, sich im öffentlichen Dienst zu engagieren und unterversorgten US-Gemeinden zu helfen, während sie gleichzeitig Berufserfahrung oder College-Kenntnisse sammeln können.

Die meisten NYCHA-Siedlungen bestehen aus Hochhäusern in Superblocks mit großen Freiflächen, die nur spärlich gestaltet und oft untergenutzt sind. Mithilfe der Farmen, die insgesamt 18.755 Quadratmeter umfassen, wurden diese Flächen aktiviert. Den Bewohner*innen wurden Orte zur Verfügung gestellt, an denen sie mit den Farmer*innen in Austausch treten können und die das Umfeld angenehmer und sicherer machen. Die Bewohner*innen der Sozialbauten sind in das Projekt durch wöchentliche Marktstände eingebunden, an denen die Ernte kostenlos verteilt wird und die Farmer*innen

FAN has continued to operate during the pandemic, though to ensure social distancing, the produce harvested is given to local food pantries rather than directly to residents. Delays in staffing the Corps Members reduced the productivity of the 2020 growing season and led to planting hardy vegetables that minimized farm labor. Yet the farms have continued to serve the surrounding community by providing key co-benefits including community interaction, encouragement of a healthy diet, and the supply of fresh vegetables to emergency food programs, which is particularly important as residents cope with the pandemic's health and economic effects. By fall 2021, the farms may once again be vibrant spaces in which residents will be able to congregate and celebrate the harvest together.

Bildungsaktivitäten anbieten. Zum Zusatznutzen für die Umwelt gehören die Kompostierung von Lebensmittelabfällen, das Auffangen von Regenwasser durch Hochbeete und die Umwelterziehung von Schulkindern. In den ersten drei Betriebsjahren haben die Farmen ca. 26.000 Kilogramm Nahrungsmittel im Wert von 119.000 US-Dollar angebaut und verteilt. Obwohl die Farmen die Bewohner*innen pro Kopf nur mit einer geringen Menge an Gemüse versorgen, berichteten die befragten Bewohner*innen, dass sie durch das Programm ermutigt wurden, mehr und anderes Gemüse zu kaufen als zuvor und mehr Gemüse in ihre Ernährung aufzunehmen (CUNY Urban Food Policy Institute 2019).

FAN hat seine Arbeit während der Pandemie fortgesetzt, allerdings werden die geernteten Nahrungsmittel jetzt an lokale Essensausgabestellen und nicht direkt an die Bewohner*innen abgegeben, um Social Distancing zu gewährleisten. Verzögerungen beim Einsatz von Corps-Mitgliedern haben die Produktivität der Anbausaison 2020 reduziert und dazu geführt, dass nur noch widerstandsfähige Gemüsesorten angepflanzt werden, um den Arbeitsaufwand zu minimieren. Dennoch dienen die Farmen weiterhin den umliegenden Gemeinschaften, indem sie diese mit wichtigen Zusatzleistungen versorgen, wie gemeinschaftlicher Interaktion, Förderung einer gesunden Ernährung und Versorgung von Notfallnahrungsmittelprogrammen mit frischem Gemüse, was besonders wichtig ist, da viele Bewohner*innen mit den gesundheitlichen und wirtschaftlichen Auswirkungen der Pandemie zu kämpfen haben. Im Herbst 2021 können die Farmen möglicherweise wieder lebendige Orte werden, an denen sich die Bewohner*innen versammeln und gemeinsam die Ernte feiern.

References
CUNY Urban Food Policy Institute (2019):
Farms at NYCHA: Final Evaluation Report. June 2019.
New York: CUNY Urban Food Policy Institute.

Bibliografie
CUNY Urban Food Policy Institute (2019):
Farms at NYCHA: Final Evaluation Report. June 2019.
New York: CUNY Urban Food Policy Institute.

3 Production of Water, Energy, and Materials in the City

Produktion von Wasser, Energie und Materialien in der Stadt

Productive Urban Open Spaces: Water, Energy, and Organic Materials for the Circular City
Gundula Proksch

The notion of productive urban open spaces in the built environment disciplines has been primarily tied to food production since over a decade (Viljoen et al. 2005).[1] In parallel, environmental rating systems have started to define productivity in the context of resource efficiency, driven by an intensifying movement towards greater urban sustainability. For example, high-performance buildings attempt to reduce their resource needs and achieve a net-positive performance, which means that they produce more resources than they consume. These buildings produce or recover renewable resources such as water, energy, and organic matter to improve the overall resource balance of cities (Thirlwall 2020). Circular city and urban metabolism frameworks formulate similar aspirations at the urban scale by interconnecting resource flows. These frameworks conceptualize the relationships between industries, infrastructures, and resource flows as networks and their integration into existing cities (Williams 2019). The role urban open spaces can play in the circular city has not yet been explicitly considered.

This investigation focuses on connecting the idea of productive open spaces with urban net-positive resource balances. What kind of net-positive open space strategies exist today? Which resource management and design strategies help create these spaces and foster their implementation?

This analysis starts with a summary of types of environmental resource collection, recovery, and recycling from waste streams and biological cultivation processes used in urban open spaces to procure resources. The investigation follows the logic of an amended Water-Energy-Food Nexus model, a transdisciplinary approach for the sustainable and equitable delivery of these essential resources with a focus on water, energy, and organic materials (Allan et al. 2015). The reviewed projects are sorted by their primary productive strategies, collection, recovery, cultivation, and the technology they use to supply a specific resource (Table 1). The further analysis reflects what design considerations planners, designers, and communities need to consider when integrating these productive systems in cities and what synergetic economic, environmental, and community benefits they might provide.

Water

Green and blue infrastructure for stormwater management, flood control, and other ecosystem services have long been integrated into public open spaces to rebalance urban water cycles. Their ubiquitous implementation has been an essential step towards active strategies for alternative sourcing of water that can be made available for various uses. The viability of collection strategies, such as rainwater harvesting, fog capture, and condensate collection, depends mainly on the local

Produktive städtische Freiräume: Wasser, Energie und organische Materialien für die zirkuläre Stadt

Gundula Proksch

In den Disziplinen der gebauten Umwelt ist der Begriff der produktiven städtischen Freiräume seit über einem Jahrzehnt vor allem mit der Produktion von Nahrungsmitteln verbunden (Viljoen et al. 2005).[1] Parallel dazu haben jedoch Umweltbewertungssysteme, bestärkt durch eine wachsende Bewegung für mehr urbane Nachhaltigkeit, damit begonnen, Produktivität im Kontext von Ressourceneffizienz zu definieren. So wird beispielsweise versucht, den Ressourcenbedarf mithilfe von Hochleistungsgebäuden zu reduzieren und eine positive Nettoleistung zu erzielen, was bedeutet, dass mehr Ressourcen produziert als verbraucht werden. Diese Gebäude produzieren oder gewinnen erneuerbare Ressourcen wie Wasser, Energie und organisches Material, um so die allgemeine Ressourcenbilanz der Stadt zu verbessern (Thirlwall 2020, 21–29). Modelle der zirkulären Stadt und des urbanen Metabolismus formulieren ähnliche Bestrebungen im städtischen Maßstab und verbinden dabei die Ressourcenströme miteinander. Diese Modelle konzeptualisieren die Beziehungen zwischen Industrien, Infrastrukturen und Ressourcenströmen als Netzwerke und ihre Integration in die bestehende Stadt (Williams 2019). Dabei ist jedoch die Rolle, die städtische Freiräume in der zirkulären Stadt spielen können, bisher nicht explizit berücksichtigt worden.

Diese Untersuchung konzentriert sich darauf, die Idee von produktiven Freiräumen mit städtischen Netto-Positiv-Ressourcenbilanzen in Beziehung zu setzen. Welche Art von netto-positiven Freiraumstrategien gibt es heute? Welche Strategien des Ressourcenmanagements und der Gestaltung können dabei helfen, diese Räume zu schaffen und ihre Umsetzung zu fördern?

Am Anfang dieser Analyse steht eine Zusammenfassung all jener Umweltressourcen aus Abfallströmen und biologischen Anbauprozessen, die in städtischen Freiräumen zur Ressourcenbeschaffung eingesetzt, gewonnen, rückgewonnen und recycelt werden können. Die Untersuchung folgt dabei der Logik eines abgeänderten Modells des Nexus Wasser – Energie – Nahrung, einem transdisziplinären Ansatz für die nachhaltige und faire Bereitstellung dieser essenziellen Ressourcen mit dem Fokus auf Wasser, Energie und organische Materialien (Allan et al. 2015). Die untersuchten Projekte sind nach ihren primären produktiven Strategien geordnet, das heißt nach Gewinnung, Rückgewinnung, Bewirtschaftung und der Technologie, die eingesetzt wird, um eine bestimmte Ressource bereitzustellen (Tabelle 1). In der weiteren Analyse wird reflektiert, welche gestalterischen Überlegungen Planer*innen, Designer*innen und Gemeinschaften anstellen müssen, wenn diese produktiven Systeme in die Stadt integriert werden sollen, und welche wirtschaftlichen, ökologischen und gemeinschaftlichen Synergien dadurch erzielt werden könnten.

Productive Urban Open Spaces

Productive Strategy	Technology	Name	Location	Built	Proposed
Water					
Collection	Rainwater Harvesting	Confluence Park	San Antonio, TX, USA	•	
		Waterplein Benthemplein	Rotterdam, NL	•	
	Fog Capture				
	Condensate Collection				
Recovery	Sewer Mining				
Recovery + Cultivation	Constructed Wetland	Plaza Ecopolis	Madrid, Spain	•	
	Containerised Constructed Wetland	ReedBox	—	•	
	Living Machine	Hassalo on Eighth	Portland, OR, USA	•	
Energy					
Collection	Photovoltaic Panels	Solar Strand	Buffalo, NY, USA	•	
	Photovoltaic Panels	Photovoltaic Canopy	Figueres, Spain	•	
	Solar Thermal				
	Micro Turbines	Ballast Point Park	Sydney, Australia	•	
	In-stream Hydro				
Recovery	Heat Recovery	Heat Hub	Groningen, NL		•
	Containerised Anaerobic Digester	Horse AD25 Series	—		•
Cultivation	Biomass Production	(See Below)			
	Algae Cultivation	(See Below)			
Organic Raw Materials					
Collection	Foraging				
Cultivation	Algae Cultivation	Algae Dome	Copenhagen, Denmark	•	
	Algae Cultivation	Photobioreactors as Shading System	Brisbane, Australia		•
	Suspended System (Fiber and Oil)	Bumper Crop	Scottsdale, AZ, USA		•
	Vertical Growing	Vertical Green 2.0	Berlin, Germany	•	
Recovery	Nutrient Recovery				
	Aquaponics				
	Eomposting	Composting Program, East River Park	Manhattan, NY, USA	•	

Size	Educational	On-site Use	Surplus Output	Type of Space	Architects/Design Team
approx. 13,500 m² 380 m³ storage	•	•		Park	Lake|Flato
9,500 m² 1,800 m³ storage	•		•	Urban Plaza	De Urbanisten
3,000 m²	•	•		Public Space, Playground	Ecosistema Urbano
30 m² treats 15 m³/day	•	•		No Specific Site	Bauer
1,200 m² treats 170 m³/day	•		•	Urban Plaza	GBD, Glumac, and PLACE studio
16,000 m² (site) 750 kW PV array	•		•	University Grounds	Hood Design Studio
1,700 m² (roof) approx. 170kW			•	Urban Plaza	Rafael de Cáceres y Xavier de Cáceres
26,000 m² 8kW	•	•		Park	McGregor Coxall
—		•		Park	FABRICations
15 m² 4 kW		•		No Specific Site	Impact Bioenergy
approx. 15 m²	•	•		Pavilion in Public Space	space 10
approx. 2,000 m²	•	•		Reading Room in Public Space	Lo Verso et al.
4,200 m²	•		•	Strip Mall, Parking Lot	Miller Hull
—	•	•		Multiple Sites	TU Berlin
approx. 3,300 m²	•		•	Park	LES Ecology Center

climate and precipitation. While the technical infrastructure needed to capture atmospheric water and precipitation is usually relatively simple, the main challenges for implementation have been policy issues.

Lake|Flato's Confluence Park in San Antonio, Texas, collects water on its voluted concrete shells that funnel rainwater into a site-wide water catchment system, which serves as the primary water source to the park and its classroom building. The Waterplein Benthemplein in Rotterdam by De Urbanisten offers urban recreational spaces that turn into water collection pools during storm events (Image 1). The water collection process itself becomes the design idea that animates the "water square." Large quantities of stormwater are currently only temporarily retained in substantial underground tanks, even though they could become an alternative water source for the circular city. The second strategy for sourcing water is diverting it from wastewater

streams by directly recovering it from the sewer system through sewer mining or collecting and treating stormwater and wastewater in decentralized systems. The biological treatment options include constructed wetlands, as installed on Plaza Ecopolis in Madrid, containerized constructed wetlands, such as the Reedbox, and living machines, as integrated into the Hassalo on Eighth development in Portland, Oregon. This on-site wastewater system treats sewage from three adjacent residential buildings and reduces the burden on the municipal combined sewer system. The reclaimed water is used by the adjacent buildings and for on-site irrigation and groundwater recharge at a scale that makes a recognizable impact on the circular city.

Energy

The research, development, and implementation of renewable energy technologies have progressed rapidly. Currently, renewables supply 30% of global electricity production, while making up 90% of newly implemented energy sources (International Energy Agency 2020). The productive strategies around alternative energy reviewed relate to the different sources: solar, wind, and water energy, the recovery of heat and energy in organic waste, and the cultivation of biomass and biofuels. Solar photovoltaic panels (PV) have been broadly implemented in public open spaces and transportation infrastructure. The installation types have a significant impact on the possible uses of the related open space. They range from ground-mounted arrays, like the Solar Strand at the University of Buffalo, to overhead installations that double-function as shading structures, like the Photovoltaic Canopy in Figueres, Spain. Solar thermal installations are preferred for programs with substantial hot water needs as an alternative to PV panels. To capture wind energy, micro wind turbines are

Wasser

Grüne und blaue Infrastrukturen für Regenwasserbewirtschaftung, Hochwasserschutz und andere Ökosystemleistungen werden seit geraumer Zeit in öffentliche Freiräume integriert, um städtische Wasserkreisläufe wieder ins Gleichgewicht zu bringen. Diese ubiquitäre Umsetzung war ein wesentlicher Schritt in Richtung aktiver Strategien zur alternativen Beschaffung von Wasser, das für unterschiedliche Zwecke zur Verfügung gestellt werden kann. Die Realisierbarkeit von Wassergewinnungsstrategien wie Regenwassernutzung, Nebelfang und Kondensatgewinnung hängt in hohem Maße vom örtlichen Klima und der Niederschlagsmenge ab. Die technische Infrastruktur, die zum Auffangen von atmosphärischem Wasser und Niederschlag benötigt wird, ist in der Regel relativ einfach, die großen Herausforderungen für die Umsetzung sind dabei politischer Art.

Im Confluence Park in San Antonio, Texas, von Lake|Flato wird Wasser auf trichterförmigen Betonschalen gesammelt, die das Regenwasser in ein standortweites Wasserauffangsystem leiten, das als primäre Wasserquelle für den Park und sein Schulungszentrum dient. Der Benthemplein in Rotterdam von De Urbanisten bietet städtische Erholungsflächen, die bei Regen zu Wasserauffangbecken werden (Abb. 1). Der Prozess des Wasserauffangens wird dabei zur Gestaltungsidee, die den „Wasserplatz" belebt. Derzeit werden nur vorübergehend größere Mengen an Regenwasser in unterirdischen Tanks zurückgehalten, wobei diese Infrastruktur durchaus zu einer alternativen Wasserquelle für die zirkuläre Stadt werden könnte. Die zweite Strategie zur Wassergewinnung ist die Ableitung von Abwasserströmen. Hier wird das Wasser entweder direkt aus der Kanalisation durch „Abwasserabbau" rückgewonnen oder Regen- und Abwasser wird in dezentralen Systemen gesammelt und aufbereitet. Zu den biologischen Aufbereitungsoptionen gehören Pflanzenkläranlagen, zum Beispiel auf der Plaza Ecopolis in Madrid, Pflanzenkläranlagen in Containern wie im Falle der Reedbox oder der „lebenden" Maschinen, die in das Quartier Hassalo on Eighth in Portland, Oregon, integriert wurden. Dieses Vor-Ort-Abwassersystem reinigt die Abwässer von drei angrenzenden Wohngebäuden und entlastet so das städtische Mischwassersystem. Das rückgewonnene Wasser wird von den angrenzenden Gebäuden, zur Bewässerung vor Ort sowie zur Grundwasseranreicherung in einem Umfang genutzt, der spürbare Auswirkungen auf die zirkuläre Stadt hat.

Image 1:
Waterplein
Benthemplein by
De Urbanisten,
Rotterdam.
Photo: Ossip van
Duivenbode.

Abb. 1:
Waterplein
Benthemplein
von De
Urbanisten,
Rotterdam.
Foto: Ossip van
Duivenbode.

Energie

Die Forschung, Entwicklung und Umsetzung von Technologien zur Nutzung erneuerbarer Energien haben große Fortschritte gemacht. Gegenwärtig stellen erneuerbare Energien 30 Prozent der globalen Stromproduktion und machen 90 Prozent der neu implementierten Energiequellen aus (International Energy Agency 2020). Für den Bereich alternative Energien wurden produktive Strategien für verschiedene Quellen untersucht: Sonnen-, Wind- und Wasserenergie, die Rückgewinnung von Wärme und Energie aus organischen Abfällen sowie der

compatible with open spaces due to their small size and minimal sound emissions, as demonstrated in Ballast Point Park in Sydney, Australia. In-stream hydro, the collection of kinetic energy from running water, is currently underrepresented in urban rivers or waterways, though it was used by water mills for centuries (Hawken 2017). Designers and municipalities have started experimenting with local, integrating heat recovery infrastructures, as represented by the Heat Hub proposal by FABRICation. Energy can also be recovered from organic waste in anaerobic digesters as methane gas and heat. Digestion tanks are usually built at a sizable infrastructural scale, even though recent containerized options, such as the Horse AD25 Series, support the integration in cities and open spaces. The cultivation of biomass for energy production constitutes an overlap with raw materials production and will be discussed below. Many of these technologies are scalable for urban installation, though they might lose their economy of scale when scaled down. In this context, the Land Art Generator project highlights the added value of sustainable energy infrastructures in public spaces to inspire and educate while providing power (Land Art Generator Organization).

Organic Raw Materials

Urban food production strategies and implementations have been widely documented (Gorgolewski et al. 2011, Proksch 2017), though their application for non-edible crops has not. Since these crops are not grown for human consumption, they do not require the same high-quality arable land and potable water supplies. Soilless growing methods and microalgae cultivation have received a lot of attention lately and can be integrated into urban open spaces. Many algae species with rapid growth rates allow for various applications, such as biofuel, biomass for energy production, and valuable raw material for bio-based innovations. Photobioreactors for the cultivation of algae have captured the interest and imagination of architects and designers. The bioreactor façade system of the BIQ in Hamburg has tested the technical feasibility at building scale (IBA Hamburg 2013). The application of this productive method in open spaces has been studied in publications and installations, such as the Algae Dome by Space 10 (Image 2). Other non-food crops are fiber crops (flax, cotton, jute, hemp, etc.) and plants for seed oil harvest (sunflowers, rapeseed, cotton, etc.) that can be cultivated in various configurations. These approaches have been introduced by, for example, Bumper Crop by Miller Hull, which suspends the cultivation of fiber crops above parking lots, and Vertical Green 2.0, which investigates vertical urban growing systems. The recovery of nutrients has become a global concern in the face of dwindling finite resources, such as phosphate rock, and to prevent eutrophication. Recovery processes separate the resource but do not include strategies to recycle it to a new use. The only growing system that recovers and reuses nutrients instantaneously is aquaponics, the combination of aquaculture and hydroponic growing that converts fish waste into nutrients for the plants. Composting offers a simple

Anbau von Biomasse und Biokraftstoffen. Solar-Photovoltaik-Paneele (PV) wurden in großem Umfang auf öffentlichen Freiflächen und in der Verkehrsinfrastruktur installiert. Dabei hat die Art der Anlagen einen wesentlichen Einfluss auf die Nutzungsmöglichkeiten der jeweiligen Freifläche. Sie reichen von am Boden montierten Feldern wie dem Solar Strand an der Universität von Buffalo bis hin zu Photovoltaik-Dächern, die gleichzeitig als Schattenspender fungieren wie das Photovoltaik-Dach in Figueres, Spanien. Für Programme mit hohem Warmwasserbedarf werden als Alternative zu PV-Paneelen bevorzugt solarthermische Anlagen eingesetzt; und zur Gewinnung von Windenergie auf Freiflächen sind Mikrowindkraftanlagen aufgrund ihrer geringen Größe und ihrer minimalen Schallemissionen gut geeignet, wie sich im Ballast Point Park in Sydney, Australien, gezeigt hat. Fließwasserkraftwerke, die aus fließendem Wasser kinetische Energie gewinnen, werden derzeit eher wenig in Flüssen oder Wasserstraßen in der Stadt eingesetzt, obwohl diese Technik jahrhundertelang mittels Wassermühlen genutzt wurde (Hawken 2017). Diverse Planer*innen und Kommunen haben begonnen, mit lokalen integrierten Infrastrukturen zur Wärmerückgewinnung zu experimentieren, so etwa das Projekt Heat Hub von FABRICation. Energie kann aber auch aus organischen Abfällen in anaeroben Vergärungsanlagen in Form von Methangas und Wärme gewonnen werden. Faulbehälter werden in der Regel im großen infrastrukturellen Maßstab gebaut, und neuere containerisierte Optionen wie die Serie Horse AD25 haben die Integration in Städte und Freiflächen ermöglicht. Der Anbau von Biomasse zur Energiegewinnung überschneidet sich mit der Rohstoffgewinnung und wird im weiteren Verlauf diskutiert werden. Viele dieser energieproduzierenden Technologien sind dabei auf den urbanen Maßstab skalierbar, auch wenn sie bei einer Verkleinerung an Wirtschaftlichkeit verlieren könnten. In diesem Kontext unterstreicht das Projekt Land Art Generator den Mehrwert nachhaltiger Energieinfrastrukturen im öffentlichen Raum: Sie inspirieren, sind lehrreich und erzeugen gleichzeitig Strom (Land Art Generator Organization).

Organische Rohstoffe

Strategien für die urbane Nahrungsmittelproduktion und deren Umsetzung wurden vielfach dokumentiert (Gorgolewski et al. 2011, Proksch 2017), die entsprechende Anwendung auf nicht essbare Pflanzen hingegen nicht. Da diese Pflanzen nicht für den menschlichen Verzehr angebaut werden, benötigen sie nicht die gleichen hochwertigen Anbauflächen und Trinkwasserressourcen. In letzter Zeit haben bodenlose Anbaumethoden und die Kultivierung von Mikroalgen, die in städtische Freiflächen integriert werden können, viel Aufmerksamkeit erregt. Algenarten mit schnellen Wachstumsraten ermöglichen dabei verschiedene Anwendungen, zum Beispiel als Biokraftstoff, Biomasse für die Energiegewinnung und werthaltige Rohstoffe für biobasierte Innovationen. Auch Fotobioreaktoren zur Kultivierung von Algen haben das Interesse und die Fantasie von Architekt*innen und Designer*innen geweckt. Das Bioreaktor-Fassadensystem von BIQ in Hamburg hat

approach to nutrient recovery and recycling to close the nutrient loop. New York City has several community composting programs; the Lower East Side Ecology Center Composting is the most extensive and longest-running program. It sells soil products, worms, and composting kits.

Design and Implementation

Local climate, site constraints, and urban context are determining factors for the selection of strategies and goals for productive interventions. The objectives range from education and demonstration of sustainable practices to production for on-site use and creating net-positive spaces that generate a surplus of resources for the circular city. Most of the built projects reviewed combine the first two goals to create awareness about sustainable resource production at site scale. Successful urban public spaces are often relatively small, intensely used sites; therefore, space availability is often the limiting factor. Productive uses should not compete with civic and recreational activities for the same area but instead activate additional spatial or temporal layers of the locations. The productive addition might utilize a time of the day, season, or weather condition when the public space is less frequented. Some productive uses and installation types might be perceived as less compatible with people's activities and interactions in public spaces. These technologies might need more space and are more appropriate for more extensive, less intensively used open spaces.

In general, open spaces have a smaller resource throughput than buildings; therefore, projects that integrate adjacent urban areas or structures into the resource collection process or catchment area can generate and process larger quantities of resources. A surplus of resources with a high economic value can be sold to other users within the circular city. This model is currently viable with electricity produced using PV technology. Many public spaces help cover their operating expenses with their PV arrays, though few projects provided insights into the profitability and payback time of their resource production infrastructure. In most cases, the productive systems were integrated during the initial construction and were part of the original public construction budget. However, emerging containerized options are feasible alternatives for retrofits. Mostly owned and operated by municipalities, the projects commonly incorporated the resources produced on site. The decentralized water, electricity, and waste handling facilities might reduce the pressure on conventional infrastructure and lessen the municipalities' expenses and investments in existing urban infrastructure. Productive systems could also be run by non-profits that acquire permission to run productive operations on publicly owned land and benefit from its gains.

As an intended by-product, the environment and the urban microclimate benefit significantly from these productive operations. Most of the reviewed cases generate symbiotic benefits and make the open space more sustainable. While currently few projects integrate multiple, synergetic productive systems at one site yet, they move towards

Image 2:
Algae Dome by
Space 10,
Copenhagen.
Photo: Niklas
Adriav Vindelev.

Abb. 2:
Algenkuppel von
Space 10,
Kopenhagen.
Foto: Niklas
Adriav Vindelev.

hier die technische Machbarkeit im Gebäudemaßstab getestet (IBA Hamburg 2013). Die Anwendbarkeit dieser produktiven Methode in Freiräumen wurde bereits in Publikationen und anhand praktischer Umsetzungen untersucht, zum Beispiel mit der Algenkuppel von Space 10 (Abb. 2). Weitere Non-Food-Kulturen sind Faserpflanzen (Flachs, Baumwolle, Jute, Hanf etc.) sowie Samenpflanzen für Öle (Sonnenblumen, Raps, Baumwolle etc.), die in verschiedenen Konfigurationen angebaut werden können. Diesen Ansatz stellt unter anderem Miller Hull mit Bumper Crop vor, wo Faserpflanzen über Parkplätzen angebaut werden, oder Vertical Green 2.0, wo vertikale urbane Anbausysteme untersucht werden. Die Rückgewinnung von Nährstoffen ist angesichts schwindender endlicher Ressourcen, wie im Falle von Phosphatgestein, und zur Vermeidung von Eutro-

phierung zu einem globalen Anliegen geworden. Rückgewinnungsprozesse trennen die Ressourcen, beinhalten aber keine Strategien, sie einer neuen Verwendung zuzuführen. Das einzige Anbausystem, das Nährstoffe direkt rückgewinnt und wiederverwendet, ist Aquaponik, eine Kombination aus Aquakultur und hydroponischem Anbau, bei der Fischausscheidungen in Nährstoffe für Pflanzen umgewandelt werden. Auch die Kompostierung bietet einfache Konzepte für die Rückgewinnung und das Recycling von Nährstoffen, um den Nährstoffkreislauf zu schließen. In der Stadt New York gibt es zum Beispiel mehrere kommunale Kompostierungsprogramme, von denen das Lower East Side Ecology Center Composting das umfangreichste und am längsten laufende Programm ist. Hier werden Bodenprodukte, Würmer und Kompostierungssets verkauft.

Design und Umsetzung

Das lokale Klima, Standortbedingungen und der urbane Kontext sind die entscheidenden Faktoren bei der Auswahl der Strategien und Zielsetzungen für produktive Interventionen. Die Ziele reichen dabei von der Vermittlung und Demonstration nachhaltiger Praktiken bis zu der Produktion für den Verbrauch vor Ort und der Schaffung netto-positiver Räume, die einen Überschuss an Ressourcen für die zirkuläre Stadt erzeugen. Die meisten der untersuchten realisierten Projekte kombinieren die ersten beiden Ziele miteinander, das heißt: Sie wollen ein Bewusstsein für nachhaltige Ressourcenproduktion auf Standortebene schaffen. Erfolgreiche öffentliche Stadträume sind dabei oft relativ kleine, intensiv genutzte Orte, die Verfügbarkeit von Flächen ist hier also oft der einschränkende Faktor. Produktive Nutzungen sollten jedoch nicht mit zivilgesellschaftlichen und der Erholung dienenden Aktivitäten um Flächen konkurrieren, sondern zusätzliche räumliche oder temporäre Ebenen der Orte aktivieren. Als produktive Ergänzung könnte eine bestimmte Tageszeit, Jahreszeit oder Wetterbedingung genutzt werden, in der öffentliche Räume

the Water-Energy-Food Nexus model. For example, strategies and technologies in all three sectors—water, energy, and organic raw materials—contribute to the cooling of urban spaces and help reduce the urban heat island effect. These approaches include increased water collection and use on site, shading structures with PV and algae cultivation panels, and a larger volume of productive vegetation in general.

Finally, a fundamental reason for investing the additional effort to integrate these productive systems in urban open spaces is to place them into communities and reach people to create crucial socio-cultural, educational, and community benefits. Their decentralized integration into the everyday environment creates awareness and might impact personal resource consumption patterns. The direct or indirect integration of new productive infrastructures with public life, cultural events, and educational opportunities expresses the value we place in growing increasingly sustainable, circular, and equitable cities.

1   Carrot City: Designing for Urban Agriculture / Die Produktive Stadt. Wander-
       ausstellung 2010–2021. https://www.ryerson.ca/carrotcity/archive_exhibits.html
       (Accessed: March 03, 2021).

weniger frequentiert sind. Einige produktive Nutzungen und Installationstypen könnten dabei allerdings als wenig kompatibel mit den Aktivitäten und Interaktionen von Menschen im öffentlichen Raum wahrgenommen werden. Diese Technologien benötigen möglicherweise mehr Platz und sind eher für größere, weniger intensiv genutzte Freiräume geeignet.

Im Allgemeinen haben Freiräume einen geringeren Ressourcendurchsatz als Gebäude. Daher können Projekte, die angrenzende städtische Gebiete oder Strukturen in den Prozess der Ressourcengewinnung oder dessen Einzugsgebiet integrieren, größere Mengen an Ressourcen erzeugen und verarbeiten. Ein Überschuss an Ressourcen mit einem hohen wirtschaftlichen Wert kann dabei an andere Nutzer*innen innerhalb der zirkulären Stadt verkauft werden. Dieses Modell ist derzeit mit Strom realisierbar, der mit PV-Technologie erzeugt wird. Viele öffentliche Räume tragen mit ihren PV-Anlagen dazu bei, ihre Betriebskosten zu decken, allerdings gewähren nur wenige Projekte Einblick in die Rentabilität und Amortisationszeit ihrer Infrastruktur für die Ressourcenproduktion. In den meisten Fällen wurden die produktiven Systeme während des ursprünglichen Baus integriert und waren Teil des damaligen öffentlichen Baubudgets. Neu aufkommende containerisierte Optionen sind hier machbare Alternativen für eine Nachrüstung. Die Projekte, die sich meist im Besitz von Kommunen befinden und von diesen betrieben werden, setzen in der Regel die produzierten Ressourcen vor Ort ein. Diese dezentralen Wasser-, Strom- und Abfallverwertungsanlagen könnten den Druck auf die konventionelle Infrastruktur reduzieren und die Ausgaben und Investitionen der Kommunen in die bestehende städtische Infrastruktur verringern. Produktive Systeme könnten aber auch von gemeinnützigen Organisationen betrieben werden, die die Genehmigung erhalten, auf öffentlichem Grund und Boden produktive Anlagen zu betreiben und von den Erlösen zu profitieren. Als beabsichtigter Nebeneffekt profitieren die Umwelt und das städtische Mikroklima erheblich von diesen produktiven Anlagen. In den meisten der untersuchten Fälle wird ein symbiotischer Nutzen erzielt und der Freiraum nachhaltiger gemacht. Während derzeit erst wenige Projekte mehrere synergetische Produktionssysteme an einem Standort integrieren, geht der Trend nun in Richtung des Modells Wasser-Energie-Nahrungsmittel-Nexus. So tragen zum Beispiel Strategien und Technologien in allen drei Sektoren – Wasser, Energie und organische Rohstoffe – zur Kühlung städtischer Räume bei und helfen, den städtischen Wärmeinseleffekt zu reduzieren. Zu diesen Ansätzen gehören die verstärkte Wassersammlung und -nutzung vor Ort, Beschattungsstrukturen mit PV-Paneelen und Paneelen für die Algenkultivierung sowie eine größere Menge an produktiver Vegetation im Allgemeinen.

Schließlich ist ein wesentlicher Grund, den zusätzlichen Aufwand zu betreiben, diese produktiven Systeme in städtische Freiräume zu integrieren, sie in den Kommunen zu verankern, damit entscheidende soziokulturelle und didaktische Vorteile für die Gemeinschaft

erzielt werden können. Eine dezentrale Integration in das alltägliche Umfeld schafft Bewusstsein und kann den persönlichen Verbrauch von Ressourcen beeinflussen. Die direkte oder indirekte Integration neuer produktiver Infrastrukturen in das öffentliche Leben, in kulturelle Veranstaltungen und Bildungsangebote zeigen den Wert, den wir dem Aufbau zunehmend nachhaltiger, zirkulärer und gerechter Städte beimessen.

1   Carrot City: Designing for Urban Agriculture / Die Produktive Stadt. Wanderaus-stellung 2010–2021. Unter: https://www.ryerson.ca/carrotcity/archive_exhibits.html (letzter Zugriff: 10.03.2021).

Allan, T., et al. (2015): "The water-food-energy nexus: an introduction to nexus concepts." In: *International Journal of Water Resources Development* 31 (3), pp. 301–311.

Carrot City: Designing for Urban Agriculture / Die Produktive Stadt. Traveling Exhibition 2010–2021. https://www.ryerson.ca/carrotcity/archive_exhibits.html (Accessed March 10, 2021).

Gorgolewski, M., et al. (2011): *Carrot City. Creating Places for Urban Agriculture*. New York: Monacelli Press.

Hawken, P. (2017): *Drawdown*. New York: Penguin Books.

Internationale Bauausstellung (IBA) Hamburg (2013): *Smart Material Houses, BIQ*. https://www.internationale-bauausstellung-hamburg.de/en/themes-projects/the-building-exhibition-within-the-building-exhibition/smart-material-houses/biq/projekt/biq.html (Accessed March 10, 2021).

International Energy Agency (2020): *Global Energy Review*. https://www.iea.org/reports/global-energy-review-2020 (Accessed March 10, 2021).

Land Art Generator Organization. https://landartgenerator.org (Accessed March 10, 2021).

Proksch, G. (2017): *Creating Urban Agricultural Systems*. London: Routledge.

Thirlwall, C. (2020): *The Living Building Challenge. From Idea to Site*. London: RIBA Publishing.

Viljoen, A., et al. (2005): *Continuous Productive Urban Landscapes*. Oxford, Boston: Architectural Press.

Williams, J. (2019): "*Circular Cities: Challenges to Implementing Looping Actions.*" In: *Sustainability* 11 (2), p. 423.

Allan, T., et al. (2015): „The water-food-energy nexus: an introduction to nexus concepts". In: *International Journal of Water Resources Development*, 31 (3), S. 301–311.

Carrot City: Designing for Urban Agriculture / Die Produktive Stadt. Wanderausstellung 2010–2021. Unter: https://www.ryerson.ca/carrotcity/archive_exhibits.html (letzter Zugriff: 10.03.2021).

Gorgolewski, M., et al. (2011): *Carrot City. Creating Places for Urban Agriculture*. New York: Monacelli Press.

Hawken, P. (2017): *Drawdown*. New York: Penguin Books.

Internationale Bauausstellung (IBA) Hamburg (2013): *Smart Material Houses, BIQ*. Unter: https://www.internationale-bauausstellung-hamburg.de/en/themes-projects/the-building-exhibition-within-the-building-exhibition/smart-material-houses/biq/projekt/biq.html (letzter Zugriff: 10.03.2021).

International Energy Agency (2020): *Global Energy Review*. Unter: https://www.iea.org/reports/global-energy-review-2020 (letzter Zugriff: 10.03.2021).

Land Art Generator Organization. Unter: https://landartgenerator.org (Letzter Zugriff: 10.03.2021).

Proksch, G. (2017): *Creating Urban Agricultural Systems*. London: Routledge.

Thirlwall, C. (2020): *The Living Building Challenge. From Idea to Site*. London: RIBA Publishing.

Viljoen, A., et al. (2005): *Continuous Productive Urban Landscapes*. Oxford, Boston: Architectural Press.

Williams, J. (2019): „Circular Cities: Challenges to Implementing Looping Actions". In: *Sustainability*, 11 (2), S. 423.

Productive Open Spaces as an Accelerator of the Transformation of the Urban Metabolism
Undine Giseke

Productive Open Spaces as an Interface Between Body, City, and Infrastructure

Productive urban open spaces – and community gardens in particular – represent sites for a changing material interface between body, city, and infrastructure. With their processes driven by civil society, they enhance the range of social activities in the open space. Although they are quantitatively only micro-projects in the urban metabolism, they question and recodify established practices in relation to material exchange processes between urban and natural systems. The modern urban home, with its provision of water, heat, and light for example, has become a complex exoskeleton for the human body (Gandy 2005: 28). In conjunction with the development of comprehensive technical infrastructure systems, people have organized in this way the interface between the body and the city and the different scales of its metabolism.

Breaking Down Orders in the Anthropocene

The different concepts of the organization of the urban metabolism have led both to numerous material and spatial decoupling processes and perceptual decoupling: between culture and nature, city and countryside, inside and outside, places of production and consumption (Giseke 2018). Current challenges such as climate change and the associated discourses on the Anthropocene and the *Material Turn* question these systems of order and decoupling processes.
We want to know where and how food is produced. We want to know where tap water comes from and where it goes as wastewater – and what alternatives there are for dealing with rainwater. We want to know what forms of waste our lifestyles produce and how we can return it more meaningfully to a circular economy.

The Impact Power of a Grassroots Metabolism

Being able to do things yourself, to practice composting yourself, or to be taught how rain barrels can make up for a lacking water connection means not only solving very practical questions but also an active and critical confrontation with traditional metabolic concepts at a micro level. They can be understood as transformational interventions or transformational design that do not shape the future but rather favor a process "that creates conditions to empower actors within a context to shape their own future" (Beucker 2016: 55). Herein lies a central contribution of grassroots metabolism, as practiced in productive urban open spaces, to the design of a post-fossil society.

Metabolic Practices as Tools for Action

Open spaces that enable collective action are places of transformative knowledge generation and of knowledge transfer. More than a return to

Produktive Freiräume als Transformationsbeschleuniger des urbanen Stoffwechsels

Undine Giseke

Produktive Freiräume als Schnittstelle zwischen Körper, Stadt und Infrastruktur

Produktive urbane Freiräume – und insbesondere die Gemeinschaftsgärten – stellen Orte für eine sich wandelnde materielle Schnittstelle zwischen Körper, Stadt und Infrastruktur dar. Mit ihren zivilgesellschaftlich getragenen Prozessen erweitern sie das Spektrum sozialer Aktivitäten im Freiraum. Wenngleich quantitativ nur Mikroprojekte im urbanen Stoffwechsel, hinterfragen und re-kodieren sie etablierte Praktiken in Bezug auf materielle Austauschprozesse zwischen urbanen und natürlichen Systemen. Das moderne urbane Zuhause ist mit seiner Bereitstellung von zum Beispiel Wasser, Wärme und Licht zu einem komplexen Außenskelett für den menschlichen Körper geworden (Gandy 2005: 28). In Verbindung mit dem Aufbau umfassender technischer Infrastruktursysteme haben wir so die Schnittstelle zwischen Körper und Stadt und den unterschiedlichen Skalen ihres Stoffwechsels organisiert.

Aufbrechen von Ordnungen im Anthropozän

Die unterschiedlichen Vorstellungen zur Organisation des städtischen Stoffwechsels haben zu zahlreichen materiellen und räumlichen Entkopplungen und auch zu Wahrnehmungsentkopplungen geführt: zwischen Kultur und Natur, Stadt und Land, einem Drinnen und Draußen, von Orten der Produktion und Konsumption (Giseke 2018). Gegenwärtige Herausforderungen wie der Klimawandel und die damit verknüpften Diskurse zum Anthropozän und zum *Material Turn* hinterfragen diese Ordnungssysteme und Entkopplungen. Wir wollen wissen, wo und wie Nahrung produziert wird. Wir wollen wissen, woher das Leitungswasser kommt, wo es als Abwasser hingeht – und welche Alternativen es zum Umgang mit Regenwasser gibt. Wir wollen wissen, welche Formen von Abfall unsere Lebensstile erzeugen und wie wir ihn sinnvoller in eine Kreislaufwirtschaft zurückführen können.

Die Wirkmacht eines Grassroot-Metabolismus

Selbst Hand anlegen zu können, Eigenkompostierung zu betreiben oder Wissen vermittelt zu bekommen, wie Regentonnen den fehlenden Wasseranschluss ersetzen können, bedeutet neben der Lösung ganz praktischer Fragen zugleich auch eine aktive und kritische Auseinandersetzung mit tradierten Stoffwechselkonzepten auf einer Mikroebene. Sie können als transformatorische Interventionen oder transformatorisches Design verstanden werden, die die Zukunft nicht entwerfen, sondern einen Prozess begünstigen, „der Bedingungen herstellt, die Akteure in einem Kontext dazu zu ermächtigen, ihre Zukunft selbst zu gestalten" (Beucker 2016: 55). Hierin liegt ein zentraler Beitrag eines Grassroot-Metabolismus, wie er in produktiven urbanen Freiräumen für die Gestaltung einer postfossilen Gesellschaft praktiziert wird.

old cultural techniques takes place here, as new urban cultural techniques are conceived and tested, which are signposts towards a restructuring of the urban metabolism in the interaction triangle of city, technology, and natural systems. Individual examples go beyond the project level and illustrate material, infrastructural, and economic options. The Roof Water Farm[1] in Berlin, for example, develops innovative management strategies for urban water management. The Brooklyn Grange Roof Farms[2] in New York link sustainability aspects such as rainwater management and the reduction of heat-island effects with food production in a multi-column business model. Not only material flows are networked, but also actors from civil society, the public administration, and the private sector. Cities such as Munich[3] or Paris[4] are pioneers of city-wide planning strategies and offer programs for a new generation of productive open spaces. What started with the intention of gaining agency and putting something into action at the micro level is beginning to have a transformative effect on a re-organization of our community as socio-natural systems, including their metabolism and related infrastructures – still in small doses, but faced with the pandemic and climate change, as accelerators.

1   http://www.roofwaterfarm.com (Accessed: March 18, 2021).

2   https://www.brooklyngrangefarm.com (Accessed: March 18, 2021).

3   https://www.muenchen.de/rathaus/dam/jcr:38cecb80-7c6a-46dc-a525-3669bb8b70e6/FRM2030_WEB.pdf Landeshauptstadt München Konzeptgutachten Freiraum München 2030, 2015 (Accessed: March 18, 2021).

4   https://vegetalisons.paris.fr (Accessed: February 28, 2021).

Metabolische Praktiken als Handlungswerkzeuge

Freiräume, die gemeinsames Handeln ermöglichen, sind Orte einer transformativen Wissensgenerierung und des Wissenstransfers. Hier findet mehr als ein Rückbesinnen auf alte Kulturtechniken statt, indem neue urbane Kulturtechniken erdacht und getestet werden, die Wegweiser einer Neustrukturierung des urbanen Stoffwechsels im Spannungsfeld des Interaktionsdreiecks von Stadt, Technik und natürlichen Systemen sind. Einzelne Beispiele gehen über die Projektebene hinaus und veranschaulichen stoffliche, infrastrukturelle und ökonomische Optionen. So entwickelt die Roof Water-Farm[1] in Berlin innovative Managementstrategien für die urbane Wasserwirtschaft. In den Dachfarmen von Brooklyn Grange[2] in New York werden in einem mehrsäuligen Geschäftsmodell Nachhaltigkeitsaspekte wie Regenwassermanagement und Minderung von Wärmeinseleffekten mit Nahrungsmittelproduktion verknüpft. Nicht nur Stoffströme, sondern auch Akteur*innen der Zivilgesellschaft, der Verwaltung und des privaten Sektors werden vernetzt. Städte wie München[3] oder Paris[4] sind Wegbereiterinnen gesamtstädtischer Planungsstrategien und bieten Programme für eine neue Generation produktiver Freiräume. Was mit der Intention anfing, Handlungskompetenz zu erlangen und etwas auf der Mikroebene in die Tat umzusetzen, beginnt auf eine Re-Organisation unseres Gemeinwesens als sozial-natürliches System samt Stoffwechsel und den damit in Verbindung stehenden Infrastrukturen verändernd einzuwirken – noch in kleinen Dosen, aber mit der Pandemie und dem Klimawandel als Beschleuniger*innen.

1   http://www.roofwaterfarm.com (letzter Zugriff: 18.03.2021).

2   https://www.brooklyngrangefarm.com (letzter Zugriff: 18.3.2021).

3   https://www.muenchen.de/rathaus/dam/jcr:38cecb80-7c6a-46dc-a525-3669bb8b70e6/FRM2030_WEB.pdf Landeshauptstadt München Konzeptgutachten Freiraum München 2030, 2015 (letzter Zugriff: 18.03.2021).

4   https://vegetalisons.paris.fr (letzter Zugriff: 28.02.2021).

References

Beucker, N. (2016): "Transformationsdesign als allmähliche Situationsveränderung". In: *ARCH+*, No. 222, pp. 54–55.

Gandy, M. (2005): "Cyborg Urbanization". In: *International Journal of Urban and Regional Research Volume,* No. 1, pp. 26–49.

Giseke, U. (2018): "The City in the Anthropocene – Multiple Porosities". In: S. Wolfrum et al. (eds.): *Porous City. From Metaphor to Urban Agenda.* Basel: Birkhäuser, pp. 200–204.

Bibliografie

Beucker, N. (2016): „Transformationsdesign als allmähliche Situationsveränderung". In: ARCH+, Nr. 222, S. 54–55.

Gandy, M. (2005): „Cyborg Urbanization". In: International Journal of Urban and Regional Research Volume, Nr. 1, S. 26–49.

Giseke, U. (2018): „The City in the Anthropocene – Multiple Porosities". In: S. Wolfrum et al. (Hrsg.): Porous City. From Metaphor to Urban Agenda. Basel: Birkhäuser, S. 200–204.

Urban Harvest –
Building from Waste
Mark Gorgolewski

Existing urban infrastructure forms a huge reservoir of materials and
components that will become tomorrow's waste. Having said that,
these materials and components often have a great potential use value,
economically, environmentally, and culturally. They just need an
appropriate process to recover (mine) and store them, and for finding
ways to use them to create a new type of urban space vernacular.

Urban mining recognizes the embodied value of urban stock and
proposes the systematic reuse of anthropogenic materials already
present and underused within urban environments. It was normal practice prior to the industrial era to maximize use of existing resources,
and is still common in some parts of the developing world. *Urban
mining* comprises actions and technologies designed to recover materials that are currently disposed of or stand unused in cities. The
concept of *gleaning*—of collecting spare resources that has been tradi-
tionally applied to collecting left-over crops from farmers' fields
—offers a model for a new type of urban activity.

From an urban design perspective, ageing, abandoned, andobso-
lete buildings are a stock of potentially valuable materials and components within the city. Adaptive reuse of whole buildings often facilitates renewal opportunities. A similar way of thinking about the
economic, environmental, social, and cultural value at the component
and material level holds great promise. Practices such as salvage
of historical urban components are relatively common. Local material
exchange websites and community reuse stores are examples of
limited urban construction material mining and are often used for small
projects. But the recovery and creative use of components that
exist in the urban stock, and also spare or excess material from current
construction sites, offers huge potential for the inventive design of
new urban space. In addition, the amounts of secondary construction
materials recovered through *urban mining* offer significant potential environmental and social benefits to the city, including embodied
carbon savings. However, what would the spaces in our cities
look like if they were to be built from locally available, renewable,
and salvaged resources?

Some examples show the potential of this approach for a variety of
urban spaces of different scales. Architecture office Superuse Studios
in the Netherlands uses the concept of a *Harvest Map* to facilitate *urban
mining* (Gorgolewski 2018) through mapping the available supply of
useful waste, surplus, and other unused urban materials in the vicinity
of a new project. Rather than using manufacturers' catalogues to
choose components, the *Harvest Map* functions as a regional material
catalogue that facilitates material choices. A *Harvest Map* was
used for Superuse's design of a children's play park in Rotterdam and
a recycling center and thrift shop in Maastricht, the Netherlands.

Stadternte –
Bauen mit Abfall
Mark Gorgolewski

Die vorhandene urbane Infrastruktur besteht aus einem riesigen Reservoir an Materialien und Bauteilen, die morgen schon Abfall sein werden. Diese Materialien und Bauteile haben jedoch oft einen großen potenziellen Nutzwert, und zwar wirtschaftlich, ökologisch und kulturell. Es braucht nur einen geeigneten Prozess, um sie wiederzugewinnen, (zu schürfen) und aufzubewahren – und um Wege zu finden, sie für eine neue Art urbaner Sprache zu nutzen.

Urban Mining, das heißt Stadtschürfung, erkennt den Wert dieser städtischen Lagerstätten und propagiert die systematische Wiederverwendung anthropogener Materialien, die bereits in der städtischen Umgebung vorhanden sind, aber nicht genutzt werden. Vor dem Industriezeitalter war es gängige Praxis, die Nutzung der vorhandenen Ressourcen zu maximieren. Und in einigen Teilen der sich entwickelnden Welt ist dies immer noch üblich. *Urban Mining* umfasst dabei Maßnahmen und Technologien zur Rückgewinnung von Materialien, die sonst entsorgt werden oder ungenutzt in den Städten herumliegen. Das Konzept der Nachlese – also des Sammelns übriggebliebener Ressourcen, traditionell das Einsammeln von Ernteresten auf den bäuerlichen Feldern – ist ein Modell für eine neue Art städtischer Aktivität.

Aus städtebaulicher Sicht bergen in die Jahre gekommene, verlassene und veraltete Gebäude und Lagerstätten potenziell wertvolle Materialien und Bauteile. Die adaptive Wiederverwendung ganzer Gebäude eröffnet dabei oft neue Nutzungsmöglichkeiten. Ähnlich vielversprechend ist dieser Ansatz in Hinblick auf den wirtschaftlichen, ökologischen, sozialen und kulturellen Wert von Bauteilen und Materialien. Die Praxis, historische städtische Bauteile zu bergen, ist relativ weitverbreitet. Auch Materialtauschwebsites auf lokaler Ebene und kommunale Wiederverwendungsläden bieten eine Möglichkeit, in begrenztem Maße städtische Baumaterialien zu gewinnen, und werden oft für kleine Projekte genutzt. Die Rückgewinnung und kreative Nutzung von Bauteilen, die bereits in städtischen Lagerstätten vorhanden sind, sowie von Ersatz- oder überschüssigem Material von Baustellen bieten jedoch ein riesiges Potenzial für die innovative Gestaltung von neuen städtischen Räumen. Darüber hinaus verschaffen die Mengen an sekundären Baumaterialien, die durch *Urban Mining* gewonnen werden können, einer Stadt erhebliche ökologische und soziale Vorteile, einschließlich der Einsparung von Kohlenstoff. Doch wie sehen unsere Stadträume aus, wenn sie aus lokal verfügbaren, erneuerbaren und wiedergewonnenen Ressourcen gebaut werden?

Es gibt einige Beispiele, die das Potenzial dieses Ansatzes für unterschiedliche städtische Räume verschiedener Größenordnung aufzeigen. Das niederländische Architekturbüro Superuse Studios nutzt das Konzept einer *Harvest Map*, um das *Urban Mining* zu erleichtern

About 75% of all materials repurposed at the new urban sites came from demolished buildings in the neighborhoods. These included windows, discarded wind turbine rotor blades, shipping containers, and removed

colorful steel sheeting. Another example is the Opalis database[1] created by the design company Rotor, presenting all the major resellers of secondhand construction elements in Belgium.

A common characteristic of some *urban mining* projects is the desire by designers to celebrate the qualities and character of the materials and components and to transform them in a creative way, celebrating their reuse. The Big Dig House in Boston designed by Single Speed Design used mostly materials salvaged from a highway construction project in the condition in which they were found, utilizing the particular characteristics of the materials. The reclaimed concrete slabs that previously supported the highway were easily able to support three feet of soil, creating a roof garden integral to the building.

Urban design in developed cities can learn from the resource approach of the developing world, which evolved with its own rules and cultural codes that emerge from below. Such a "means-oriented design" (Van Hinte et al. 2007, p. 78), where the design evolves from the local means that are readily available, offers great opportunities to reorient urban design towards a circular approach by reframing "end-of-life" for urban construction materials into resources rich in social, environmental, cultural, and economic value and can create an alternative to mainstream spatial practices.

1   https://opalis.eu/en (Accessed: March 10, 2021).

Image 1: Harvest Map by Superuse Studios. Image: Superuse Studios.

Image 2:
A shopping mall from reused containers in Christchurch, NZ.

Abb. 1:
Harvest Map von Superuse Studios.
Bild: Superuse Studios.

Abb. 2: Einkaufszentrum aus wiederverwendeten Frachtcontainern, Christchurch, Neuseeland.

(Gorgolewski 2018). Dabei wird das verfügbare Angebot an nützlichen Abfällen, Überschüssen und anderen ungenutzten städtischen Materialien in der Nähe eines neuen Projekts kartiert. Anstatt Herstellerkataloge für die Auswahl von Bauteilen heranzuziehen, dient die *Harvest Map* als regionaler Materialkatalog, der die Materialauswahl ermöglicht. Superuse nutzte zum Beispiel eine *Harvest Map* für den Entwurf eines Kinderspielplatzes in Rotterdam und eines Recyclingzentrums mit Secondhandladen in Maastricht. Etwa 75 Prozent aller Materialien, die für diese neuen städtischen Standorte einer neuen Verwendung zugeführt wurden, stammten von abgerissenen Gebäuden in der Nachbarschaft. Dazu gehörten Fenster, ausrangierte Rotorblätter von Windkraftanlagen, Schiffscontainer und demontierte bunte Stahlbleche. Ein weiteres Beispiel ist die von der Designfirma Rotor erstellte Datenbank Opalis[1], in der alle wichtigen Verkäufer*innen von gebrauchten Bauelementen in Belgien aufgeführt sind.

Ein gemeinsames Anliegen einiger *Urban-Mining*-Projekte ist der Wunsch der Designer*innen, die Qualitäten und den Charakter der Materialien und Bauteile besonders hervorzuheben und ihre Wiederverwendung zu würdigen, indem sie sie auf kreative Weise umwandeln. Beim Big Dig House in Boston, entworfen von Single Speed Design, kamen zum Beispiel hauptsächlich Materialien zum Einsatz, die aus einem Autobahnbauprojekt geborgen wurden – und zwar in dem Zustand, in dem sie waren. Die besonderen Eigenschaften der Materialien konnten genutzt werden, da die wiedergewonnenen Betonplatten, die zuvor die Autobahn gestützt hatten, problemlos rund 90 Zentimeter Erde tragen konnten, was den Bau eines in das Gebäude integrierten Dachgartens ermöglichte.

Die urbane Gestaltung entwickelter Städte kann dabei vom ressourcenorientierten Ansatz der Entwicklungsländer lernen, der sich mit eigenen Regeln und kulturellen Codes „bottom-up" entwickelt hat. Solch ein „means-oriented design" (Van Hinte et al. 2007, S. 78), bei dem sich die Gestaltung aus den Mitteln entwickelt, die lokal verfügbar sind, bietet die große Chance, die Stadtgestaltung neu in Richtung eines zirkulären Ansatzes auszurichten. Städtische Baumaterialien werden dabei an ihrem „Lebensende" zu Ressourcen, die einen sozialen, ökologischen, kulturellen und wirtschaftlichen Wert haben und eine Alternative zu den üblichen räumlichen Praktiken bieten.

[1]   https://opalis.eu/en (letzter Zugriff: 10.03.2021).

References
Gorgolewski, M. (2018): *Resource Salvation: The Architecture of Reuse.* Oxford: Wiley.

Van Hinte, E., et al. (2007): *Superuse. Constructing new architecture by shortcutting material flows.* Rotterdam, NL: 010 Publishers.

Bibliografie
Gorgolewski, M. (2018): *Resource Salvation: The Architecture of Reuse.* Oxford: Wiley.

Van Hinte, E., et al. (2007): *Superuse. Constructing new architecture by shortcutting material flows.* Rotterdam: 010 Publishers.

4 Production of Economic Resources in the City

Produktion von wirtschaftlichen Ressourcen in der Stadt

Neighborhood Resistance and Participatory Design: Toward a Human Right to Garden

Anne C. Bellows and Carolin Mees

Urban gardening precipitates residential self-determination and people's right to the city. Physical and social labor with the land and demand for community tenure to public open space—for food, cultural aesthetic, shared "ownership"—reflects the dignity that comes from participation in the design of one's home, open space, and neighborhood; dignity, that is realized in resistance to socio-political and economic marginalization.

We introduce the case of neighborhood engagement and participatory design in New York City's South Bronx from the 1970s to the present to argue for public open space and the right to garden as reflective of the human rights of people instead of a dénouement to capital and as a remedy measure for economic marginalization and violations of human dignity.

From outright resistance to collaborative design within New York City, South Bronx residents have fought for their rights to the land, water, air, and material construction in their neighborhoods. These physical and breathing forms of the city writhe under the capricious cycles of abandonment and superimposition of financial investment. Urban gardens express neighborhoods' resistance to the unequal power game of global-scale circulating capital. They manifest the right to tenured access to the physical and natural life of the city and underscore the necessity of both centering neighborhood design participation and a clearly articulated human right-based approach in open space public policy.

Overview of the South Bronx Community Garden Movement

When the global-scale financial crisis began in the early 1970s, New York City was hit badly and filed a bankruptcy petition in 1975. The cessation of public and private maintenance and investment led to a decrease in housing quality and urban infrastructure. By the middle of the 1980s, the South Bronx became the poorest place in the city (McCain 1987), with population reduced to half of that a decade earlier.

Landlord and political abandonment triggered social resistance and the take-over of residential buildings and open spaces by those residents who could not afford to leave. Forced and likewise determined to remain living in the neighborhood, they began to improve their quality of life by organizing themselves. They took over the maintenance of apartment buildings and cleaned up the rubble and trash from adjacent burned down buildings. Neighbors organized themselves in groups to counter government neglect and to attempt meeting infrastructure and social needs. Among other endeavors, shared, "self-help" gardens were initiated with participatory planning and design processes to

Nachbarschaftlicher Widerstand und partizipative Gestaltung: für ein Menschenrecht auf Garten

Anne C. Bellows und Carolin Mees

Urban Gardening stärkt die nachbarschaftliche Selbstbestimmung und das Recht der Menschen auf Stadt. Das physische und soziale Arbeiten mit dem Land und die Forderung nach gemeinschaftlichem Besitz von öffentlichen Freiräumen – für Nahrung, kulturelle Ästhetik und geteiltes „Eigentum" – reflektieren die Würde, die aus der Beteiligung an der Gestaltung des eigenen Heims, des Freiraums und der Nachbarschaft erwächst; eine Würde, die sich im Widerstand gegen soziopolitische und ökonomische Marginalisierung ausdrückt.

Wir stellen hier ein Beispiel für nachbarschaftliches Engagement und partizipative Gestaltung von den 1970er-Jahren bis zur Gegenwart in der South Bronx in New York vor und vertreten damit den Anspruch auf öffentlichen Freiraum und das Recht auf einen Garten als Ausdruck eines Menschenrechts, das nicht einer kapitalistischen Regie unterworfen ist, und als Mittel gegen ökonomische Marginalisierung und die Verletzung der Menschenwürde.

Mit offenem Widerstand bis zur kollaborativen Gestaltung innerhalb der Stadt New York haben die Bewohner*innen der South Bronx für ihr Recht auf Land, Wasser, Luft und die grundsätzliche Gestaltung ihrer Nachbarschaft gekämpft. Diese physischen und atmenden Formen der Stadt winden sich unter den wechselhaften Zyklen der Preisgabe und der Überlagerung durch Finanzinvestitionen. Städtische Gärten sind ein Ausdruck des Widerstands von Nachbarschaften gegen das ungleiche Machtspiel des global zirkulierenden Kapitals. Sie manifestieren das Recht auf einen gesicherten Zugang zum physischen und natürlichen Leben in der Stadt und unterstreichen die Notwendigkeit, zum einen nachbarschaftliche Beteiligung an der Gestaltung in den Mittelpunkt zu stellen und zum anderen einen klar auf Menschenrechten basierenden Ansatz in der öffentlichen Freiraumpolitik zu artikulieren.

Überblick über die Gemeinschaftsgartenbewegung in der South Bronx

Als Anfang der 1970er-Jahre eine Finanzkrise globalen Ausmaßes begann, traf dies die Stadt New York besonders hart und 1975 musste sie Konkurs anmelden. Die Einstellung öffentlicher und privater Instandhaltungsmaßnahmen und Investitionen führte zu einem Niedergang der Wohnqualität und der städtischen Infrastruktur. Mitte der 1980er-Jahre war die South Bronx zum ärmsten Ort der Stadt geworden (McCain 1987) und die Einwohnerzahl war in einem Jahrzehnt auf die Hälfte gesunken.

Die Vernachlässigung durch Vermieter*innen und Politik löste sozialen Widerstand aus, und Wohnhäuser und Freiflächen wurden von den Bewohner*innen übernommen, die es sich nicht leisten konnten wegzuziehen. Gezwungenermaßen aber auch durchaus entschlossen, im

fulfill a vision of shared urban space with structures for social gatherings and recreation, with access to water, energy, and areas for
food production and medicinal and ornamental plant care. Indeed,
the collaborative redevelopment of residential buildings and the
participatory design and creation of neighborhood community gardens
proved successful acts of neighborhood resistance. They attracted,
however, gentrification forces such as reinvestment in real estate and
business, new private residential development and also the re-ignition
of interest by the municipality and federal government officials,
who began to re-invest into infrastructure and affordable housing development. While re-investment should be welcome, it flowed without consideration of the uncapitalized value of shared community labor
and endangered the existing housing developments and shared
urban gardens that residents had created.

    South Bronx community gardeners did not cave. They protested
the removal of gardens for the alleged (but popularly distrusted)
affordable housing schemes during this 1980s and 1990s economic
upswing and became actively involved in their neighborhood's
urban planning (Mees 2018). Together with garden movements
from other boroughs, they managed to maintain the land use form
"community garden" as part of New York City's urban environment. Due to their effective neighborhood organization and resistive
actions, New York City can today boast of about 550 community
gardens with approximately 44 community gardens in the South Bronx
alone (Mees 2015).

    The longevity of community gardens is a story of a demand for
tenured land access as an expression of the right to the city, the human
right to garden, and the changing constellation of both specific and
diverse cultural identity of a neighborhood. In the case of the South
Bronx, the residents who created community gardens back in the
1970s and who are using them until today are largely of Latin American
and Caribbean descent. The uses and layout design of their gardens
build upon homeland aesthetics. With the Puerto Rican tradition as an
example, landless low-income urban residents on the island have
been taking over marginal public land on the urban periphery since
the 1950s to create community garden spaces that included self-
constructed wooden *casitas* (little houses). Working-class residents from
Puerto Rico brought this social garden tradition with them when
they immigrated to New York City in search of employment. In their
gardens, *casitas* serve as commonly used social gathering spaces
built through group effort, typically under the leadership of an experienced gardener, using salvaged materials. *Casitas,* and by extension the
social cohesion they reflect and engender throughout the year, provide momentum for food production, age-inclusive recreation, socialization, and in general, physical and social grounds for neighborhood-
scale political resistance and claims for the right to tenured access to
land that they have nurtured across decades.

Viertel zu bleiben, begannen sie ihre Lebensqualität durch Selbstorganisation zu verbessern. Sie übernahmen die Instandhaltung von Wohngebäuden und schafften den Schutt und Müll der abgebrannten Nachbargebäude weg. Die Bewohner*innen organisierten sich in Gruppen, um der Vernachlässigung seitens der Regierung entgegenzuwirken, und versuchten dabei, den infrastrukturellen und sozialen Bedürfnissen Rechnung zu tragen. Zu ihren Bemühungen gehörte auch die Initiierung gemeinsamer „Selbsthilfegärten" mit partizipativen Planungs- und Gestaltungsprozessen, mit denen sie die Vision eines geteilten städtischen Raums umsetzen wollten, der Strukturen für soziale Zusammenkünfte und Erholung, Zugang zu Wasser, Energie und Flächen für die Nahrungsmittelproduktion und die Kultivierung von Heil- und Zierpflanzen bietet. Die gemeinschaftliche Sanierung von Wohngebäuden und die partizipative Gestaltung und Anlage von nachbarschaftlichen Gemeinschaftsgärten erwiesen sich tatsächlich als erfolgreiche Aktionen eines nachbarschaftlichen Widerstands. Sie zogen jedoch auch eine Gentrifizierung nach sich, zum Beispiel Neuinvestitionen in Immobilien und Geschäfte und neue private Wohnbauten. Andererseits weckte dies aber auch das Interesse der Stadtverwaltung und Regierungsstellen, die begannen, wieder in die Infrastruktur und den Bau von bezahlbarem Wohnraum zu investieren. Diese Neuinvestitionen waren zwar willkommen, flossen aber ohne Rücksicht auf den nicht kapitalisierten Wert der gemeinschaftlichen Arbeit und gefährdeten die bestehenden Wohnsiedlungen und gemeinschaftlichen städtischen Gärten, die die Bewohner*innen selbst geschaffen hatten.

Die Gemeinschaftsgärtner*innen der South Bronx gaben jedoch nicht so leicht auf. Sie protestierten während des wirtschaftlichen Aufschwungs der 1980er- und 1990er-Jahre gegen den Abriss von Gärten für angeblich bezahlbare – aber allgemein misstrauisch beäugte – Wohnungsbauprogramme und beteiligten sich aktiv an der Stadtplanung für ihr Viertel (Mees 2018). Gemeinsam mit Gartenbewegungen aus anderen Stadtteilen gelang es ihnen, die Landnutzungsform Gemeinschaftsgarten als Teil des New Yorker Stadtumfelds zu erhalten. Dank ihrer effektiven nachbarschaftlichen Organisation und ihrer Widerstandsaktionen rühmt sich die Stadt New York heute, rund 550 Gemeinschaftsgärten zu haben, davon allein etwa 44 in der South Bronx (Mees 2015).

Die Beständigkeit der Gemeinschaftsgärten ist eng verbunden mit der Forderung nach einem gesicherten Zugang zu Land als Ausdruck des Rechts auf Stadt, des Menschenrechts auf Garten und sich verändernder Konstellationen der spezifischen und diversen kulturellen Identität einer Nachbarschaft. Im Fall der South Bronx sind die Bewohner*innen, die die Gemeinschaftsgärten in den 1970er-Jahren anlegten und bis heute nutzen, größtenteils lateinamerikanischer und karibischer Abstammung. Die Nutzung und Gestaltung ihrer Gärten basiert auf der Ästhetik ihrer Heimat. In Puerto Rico ist es zum Beispiel Tradition, dass die landlosen, einkommensschwachen Stadtbewohner*innen der Insel seit den 1950er-Jahren unattraktives öffentliches Land in der

Human Rights, Participatory Neighborhood Planning, and the Right to Garden

The legal and institutional base of human rights and the more theoretical and activist rooted concept of the right to the city (RTTC) both support community self-determination and resistance against external state and private sector interference. South Bronx residents worked proactively to restore neglected properties in their neighborhoods by establishing gardens and social structures to enrich their abandoned community. It is important for activist theory and legal state obligations to both find common ground and be clearly articulated in public policies that support neighborhood survival and self-determination.

The human rights-based approach (HRBA) emphasizes the state's obligation to progressively realize entitlements like an adequate standard of living. New in 1948, the United Nations' Universal Declaration of  Human Rights was a raucously negotiated agreement that shaped the later and still developing treaty law. It states that the essential democratic nature of human rights presupposes an egalitarian and industrious relationship between the community (made up of rights holders) and the government (as duty bearer) that it elects, and that this relationship is to be carried out under "PANTHER principles:" participation; accountability; non-discrimination; transparency; human dignity; empowerment; and rule of law. Recognizing that the state never takes progressive action unless directed or forced, the HRBA asserts the essential role of participation in rights realization, especially by those persons and groups most socially and economically marginalized. Through legal means, political access, or civil disobedience, the human right to influence the design and livability of neighborhoods by their residents is reflected in the sustainability of New York City gardens. Cities can benefit by embracing this admittedly messy power of participation and design and incorporate it into planning and policy—the alternative is authoritarian power. The relationship between rights holders and duty bearers is mediated through the requirement of mechanisms of accountability. These recourse mechanisms provide the opportunity for rights holders to find public expression for violations of their rights and to demand that duty bearers be accountable and provide remedy.

What is today called the human right to adequate food and nutrition (HRtAFN) (Bellows et al. 2016) is part of an evolving construction of binding international human rights law that asserts that, unless stolen, foraged or gifted, food can be garnered in three ways: growing it, achieving the resources to buy or trade for it, or in situations beyond individual or group control, through entitlement to social protection programs (UN-CESCR 1999, General Comment 12). Under HRBA, public policy and planning are levers to "realize" the integrated accomplishment or availability of all three ways to access food. The principal obligation of states is to work with communities to

städtischen Peripherie übernehmen, um dort gemeinschaftliche Gartenflächen anzulegen, zu denen auch selbstgebaute *Casitas* (Häuschen) aus Holz gehören. Einwander*innen aus Puerto Rico und der Karibik auf der Suche nach Arbeit brachten diese soziale Gartentradition mit in die Stadt New York. Die *Casitas* in ihren Gärten dienen als gemeinschaftlich genutzte soziale Treffpunkte, die in Gruppenarbeit, normalerweise unter der Leitung erfahrener Gärtner*innen, aus wiederverwerteten Materialien gebaut werden. Die *Casitas* und der damit einhergehende soziale Zusammenhalt, den sie über das ganze Jahr hinweg widerspiegeln und erzeugen, geben Impulse für die Nahrungsmittelproduktion, eine altersübergreifende Freizeitgestaltung und Sozialisierung und bilden ganz allgemein die physischen und sozialen Grundlagen für politischen Widerstand in der Nachbarschaft und die Forderung nach dem Recht auf gesicherten Zugang zu dem Land, das die Bewohner*innen über Jahrzehnte hinweg kultiviert haben.

Image 1: Garden of Happiness, Bronx, NY. Photo: Carolin Mees.

Abb. 1: Garden of Happiness, Bronx, NY. Foto: Carolin Mees.

Menschenrechte, partizipative Planung der Nachbarschaft und das Recht auf Garten

Die rechtlichen und institutionellen Grundlagen von Menschenrechten und das eher theoretisch und aktivistisch verwurzelte Konzept eines Rechts auf Stadt (*Right to the City* – RTTC) stärken sowohl die Selbstbestimmung als auch den Widerstand der Gemeinschaft gegen die Einmischung von außen seitens des Staates und des privaten Sektors. Die Bewohner*innen der South Bronx haben proaktiv an der Instandsetzung vernachlässigter Liegenschaften in ihrer Nachbarschaft gearbeitet und Gärten und soziale Strukturen angelegt, um ihre benachteiligte Gemeinschaft aufzuwerten. Hier müssen aktivistische Ansätze als auch die rechtlichen Verpflichtungen des Staats in Einklang gebracht und klar in einer öffentlichen Politik artikuliert werden, die das Überleben und die Selbstbestimmung der Nachbarschaft unterstützt.

Ein menschenrechtsbasierter Ansatz (*Human Rights-Based Approach* – HRBA) betont etwa die Verpflichtung des Staats, die Forderung nach einem angemessenen Lebensstandard sukzessive zu verwirklichen. Die Allgemeine Erklärung der Menschenrechte der Vereinten Nationen, die 1948 erstmals hart erkämpft wurde, hat das spätere, sich noch immer entwickelnde Vertragsrecht geprägt. Die Erklärung besagt, dass der essenzielle demokratische Charakter der Menschenrechte eine egalitäre und sorgende Beziehung zwischen der Gemeinschaft (bestehend aus den Rechteinhaber*innen) und der von ihr gewählten Regierung (als Pflichtenträgerin) voraussetzt und dass diese Beziehung unter der Maßgabe von Partizipation, Rechenschaftspflicht, Nicht-Diskriminierung, Transparenz, Menschenwürde, Ermächtigung und Rechtsstaatlichkeit zu verwirklichen ist (auf Englisch PANTHER-Prinzipien: *Participation, Accountability, Non-discrimination, Transparency, Human dignity, Empowerment* und *Rule of law*; United Nations 1948). In der Erkenntnis, dass der Staat niemals fortschrittlich handelt, wenn er nicht dazu angewiesen oder gezwungen wird, bekräftigt der menschenrechtsbasierte Ansatz die wesentliche Rolle der Partizipation bei der Verwirklichung von Rechten, insbesondere

take clear and transparently measurable and monitored steps to move progressively toward HRtAFN fulfillment.

French philosopher Henri Lefebvre developed the concept of the right to the city (RTTC). It is introduced here to describe a collective reflex of urban inhabitants defending the tenure of their homes, neighborhoods, and access to shared community spaces from interference and capture, often without their input or consent, by external monetary capital (Lefebvre in Kofman & Lebas 1996). Defense of neighborhood and inhabitant tenure takes both dynamic material and political form. Under RTTC, inhabitants collaborate to assert power to mold the physical form of their habitats into shared commons according to their priorities, and to resist development plans over which they have no review, input, and decision authority. David Harvey wrote, "[t]he freedom to make and remake ourselves and our cities is … one of the most precious yet most neglected of our human rights" (Harvey 2008, 23). This "most precious" human right incarnates the power of social engagement and participation to move freely in the world, form association with others, and resist collectively in the face of massively uneven wealth and power.

The Voluntary Guidelines on the Responsible Governance of Tenure of Land, Fisheries, and Forests in the Context of National Food Security (VGGT) employs the HRtAFN legal foundation, but it also incorporates the secure tenured access to the land and resources necessary for empowered local-scale self-determination that lie at the heart of RTTC. The VGGT were developed in the wake of accelerating global-scale land expropriation (often called "land grabbing"), the arrogation of intellectual property rights (sometimes referred to as "biopiracy"), and loss of other community resources (2012 FAO/CFS). Tenure precarity has multiple causes including small resource holdings, limited political and economic capital, and limited information. Customary land use (e.g., public "commons" or non-deeded ownership or traditional use rights) instead of private deeded property and smallholder private ownership often places users in jeopardy of powerful public and private sector development interests. The VGGT proposes strategies of responsible public governance to protect community-based resources—land, water access, forests, seeds, local biodiversity, and other resources—necessary to support community health, nutrition, and food security. While conceptualized for more rural environments, the VGGT mentions urban environments (paragraph 20.3), but has also been recognized for its ready application in urban and peri-urban areas, notably where food insecurity co-exists with substandard and insecure housing. The VGGT's definition of "responsible governance" includes shared policy development processes that include affected parties and implementation in directions most relevant to civil society interests, needs, and demands (Civil Society Mechanism of CFS 2016).

The RTTC can be supported through legal obligations and participatory mechanisms inherent in HRBA and related human rights instruments like the HRtAFN and the VGGT. For starters, the state's

jener Personen und Gruppen, die sozial und wirtschaftlich stark marginalisiert sind. Das Menschenrecht, dass Bewohner*innen Einfluss auf die Gestaltung und Lebensqualität ihrer Stadtviertel nehmen können, findet seinen Ausdruck in der Nachhaltigkeit der New Yorker Gärten – durch Rechtsmittel, politischen Zugang oder zivilen Ungehorsam. Städte können davon profitieren, wenn sie diese, zugegebenermaßen chaotische, Macht der Partizipation und Gestaltung annehmen und in ihre Planung und Politik einbeziehen, wobei die Alternative autoritäre Machtausübung wäre. Die Beziehung zwischen Rechtsinhaber*innen und Pflichtenträger*innen wird vermittelt durch das Erfordernis von Rechenschaftspflichtmechanismen. Diese Rückgriffmechanismen bieten den Rechtsinhaber*innen die Möglichkeit, Verletzungen ihrer Rechte öffentlich zu machen und von den Pflichtenträger*innen Rechenschaft und Abhilfe zu verlangen.

Das, was heute als Menschenrecht auf angemessene Nahrung und Ernährung (*Human Right to Adequate Food and Nutrition* – HRtAFN) bezeichnet wird (Bellows et al. 2016), ist Teil der sich entwickelnden Konstruktion einer verbindlichen internationalen Menschenrechtsgesetzgebung, die davon ausgeht, dass Nahrung, sofern sie nicht gestohlen, geplündert oder verschenkt wird, auf drei Arten erlangt werden kann: durch Anbau, die Erlangung von Ressourcen, um sie zu kaufen oder mit ihnen zu handeln, oder in Situationen, die sich der Kontrolle Einzelner oder der Gruppe entziehen, durch den Anspruch auf soziale Schutzprogramme (UN-CESCR 1999, Allgemeiner Kommentar 12). Im Rahmen eines menschenrechtsbasierten Ansatzes sind öffentliche Politik und Planung Hebel, um die umfassende Erfüllung oder Verfügbarkeit aller drei Wege des Zugangs zu Nahrung zu ermöglichen. Die grundsätzliche Verpflichtung von Staaten besteht darin, mit den Gemeinschaften zusammenzuarbeiten und klare, transparent messbare und überwachte Schritte zu unternehmen, die sukzessiv zur Erfüllung des HRtAFN führen.

Der französische Philosoph Henri Lefebvre hat das Konzept des RTTC entwickelt. Es wird hier eingeführt, um einen kollektiven Reflex von Stadtbewohner*innen zu beschreiben, die den Besitz ihrer Häuser, Nachbarschaften und den Zugang zu gemeinschaftlichen Räumen gegen die Einmischung und Vereinnahmung durch externes monetäres Kapital verteidigen, die oft ohne ihren Beitrag oder ihre Zustimmung erfolgen (Kofman/Lebas 1996). Die Verteidigung der Nachbarschaft und der Besitzrechte der Bewohner*innen nimmt dabei sowohl eine dynamisch-materielle als auch eine politische Form an. Im Rahmen des RTTC arbeiten die Bewohner*innen zusammen, um die Macht zu erlangen, die physische Form ihrer Lebensräume zu Gemeingütern nach ihren Vorstellungen zu formen und sich Entwicklungsplänen zu widersetzen, für die sie keine Einsichts-, Eingabe- und Entscheidungsbefugnis haben. David Harvey schreibt dazu: „Die Freiheit, unsere Städte und uns selbst zu schaffen und neu zu schaffen, ist [...] eines unserer kostbarsten und zugleich auch eines unserer am meisten vernachlässigten Menschenrechte" (Harvey 2008, 23). Dieses „kostbarste" Menschenrecht wird verkörpert durch die Kraft des sozialen

human rights legal obligations under HRtAFN and VGGT require participatory governance, with emphasis on centering perspectives on the most socially marginalized, to determine neighborhood-based land use planning and management.

Acts of solidarity in caring for the urban landscape, as laid out in the case study of the South Bronx in New York City, frame a critical form of resistance to changing practices of external capital pressures and public sector neglect. South Bronx residents essentially claimed the right to garden as a part of the basic human right to an adequate standard of living. Multiple objectives for the communally managed garden spaces in the South Bronx, as elsewhere, varies from neighborhood clean-up to safe and social meeting spaces to food production and beyond. Garden uses intermingle and evolve in the context of common land access and the participatory transformation of public open spaces. What we call "urban gardens" embraces the process of realizing these possibilities. The right to garden expresses both the tenured right of communities to public open space and to collective processes of participatory governance over their security and use.

Conclusion

Land access, use, and tenure comprise a central battle between locally based residents and those who exert control and are enriched by the global circulation and accumulation of capital. The former have a long-term commitment to the space upon which their quality of life, capacity for self-determination and livelihood depend. The latter flexibly move investment to where profit can be derived. In New York, urban gardening has functioned to literally root social resistance in defense of the vagaries of capital interest in local financial investments. Community gardens are culturally specific, participatory designed shared open spaces. They are material transfigurations of spaces that allow survival, resistance, and the re-production of cultural tradition while providing those sharing their access, use, and tenure with self-respect and empowerment due to their involvement.

We call for the recognition of a human right to garden as a means to bolster the argument of community land tenure and to protect human dignity as a condition achieved through individual and community capability to self-determine the integrity and security of existence. But beyond autonomous self-help, VGGT policy and RTTC theory articulate the value of local public institutions to assist needs and augment political capacity for community participation in the defense and design of their neighborhoods. We further call for the anchoring of corresponding plans, policies, and programs in a system of rights and corresponding obligations established by international law under a human rights-based approach.

Engagements und der Partizipation, sich frei in der Welt bewegen zu
können, sich mit anderen zusammenzuschließen und angesichts
der massiven ungleichen Verteilung von Reichtum und Macht kollektiv
Widerstand zu leisten.

Die Freiwilligen Leitlinien für die verantwortungsvolle Regulierung von Eigentums-, Besitz- und Nutzungsrechten an Land, Fisch-
gründen und Wäldern im Rahmen nationaler Ernährungssicherheit
*(Voluntary Guidelines on the Responsible Governance of Tenure of Land,
Fisheries and Forests in the Context of National Food Security* – VGGT)
basieren auf den rechtlichen Grundlagen des HRtAFN, beinhalten aber
auch den sicheren Zugang zu Land und Ressourcen, der für eine er-
mächtigte Selbstbestimmung auf lokaler Ebene notwendig und das
Herzstück des RTTC ist. Die VGGT wurden im Zuge der sich beschleu-
nigenden globalen Landenteignung (oft auch als *Landgrabbing* bezeichnet), der Aneignung geistiger Eigentumsrechte (mitunter als Bio-
piraterie bezeichnet) und des Verlusts anderer Gemeinschaftsressourcen
aufgestellt (2012 FAO/CFS). Prekäre Eigentumsverhältnisse haben
mehrere Ursachen, darunter geringfügigen Ressourcenbesitz, begrenztes
politisches und wirtschaftliches Kapital und eingeschränkte Informa-
tionen. Gewohnheitsmäßige Landnutzung (z.B. öffentliche Allmenden
oder nicht beurkundete Eigentums- oder traditionelle Nutzungsrechte)
anstelle von beurkundetem Privateigentum und kleinbäuerlichem
Privatbesitz setzt die Nutzer*innen oft der Gefahr mächtiger Entwick-
lungsinteressen seitens des öffentlichen und privaten Sektors aus.
Die VGGT schlagen Strategien einer verantwortungsvollen öffentlichen
Regulierung vor, um die gemeinschaftsbasierten Ressourcen – Land,
Wasserzugang, Wälder, Saatgut, lokale Biodiversität etc. – zu schützen,
die notwendig sind, um die Gesundheit, Ernährung und Nahrungs-
mittelsicherheit der Gemeinschaft sicherzustellen. Obwohl die VGGT
eher für ländliche Gebiete konzipiert wurden, erwähnen sie auch das
städtische Umfeld (Absatz 20.3) und wurden in ihrer direkten Anwendbarkeit auf städtische und stadtnahe Gebiete anerkannt, insbesondere
dort, wo Ernährungsunsicherheit mit unterdurchschnittlichen und
unsicheren Wohnverhältnissen einhergeht. Die Definition der VGGT
einer „verantwortungsvollen Regulierung" umfasst gemeinsame
politische Entwicklungsprozesse, die die betroffenen Parteien einbeziehen und die Ergebnisse in eine Richtung lenken, die für die Inte-
ressen, Bedürfnisse und Forderungen der Zivilgesellschaft am
relevantesten ist (Mechanismus für die Zivilgesellschaft, CFS 2016).

Das RTTC kann durch rechtliche Verpflichtungen und partizipative Mechanismen im Rahmen des HRBA und verwandter Men-
schenrechtsinstrumente wie HRtAFN und VGGT gestärkt werden.
Zunächst einmal erfordern die menschenrechtlichen Verpflichtungen
des Staats gemäß HRtAFN und VGGT partizipative Regulierungen,
die ein besonderes Augenmerk auf die Perspektiven derjenigen
richten, die sozial am stärksten marginalisiert sind, um so eine nach-
barschaftsbezogene Landnutzungsplanung und -verwaltung fest-
zulegen. Solidarischem Handeln bei der Pflege der urbanen Landschaft,
wie in der Fallstudie zur South Bronx in der Stadt New York

beschrieben, wohnt eine Form des kritischen Widerstands gegenüber den sich verändernden Praktiken eines externen Kapitaldrucks und der Vernachlässigung durch den öffentlichen Sektor inne. Grundsätzlich forderten die Bewohner*innen der South Bronx das Recht auf Garten als Teil des grundlegenden Menschenrechts auf einen angemessenen Lebensstandard. Dabei erstrecken sich die vielfältigen Ziele in Bezug auf die gemeinschaftlich verwalteten Gartenflächen in der South Bronx, wie auch anderswo, von der Säuberung der Nachbarschaft über sichere Räume für soziale Begegnungen bis hin zur Nahrungsmittelproduktion und darüber hinaus. Die Nutzungen der Gärten vermischen sich und entwickeln sich im Kontext des gemeinsamen Zugangs zu Land und der partizipativen Umgestaltung öffentlicher Freiräume. Die sogenannten urbanen Gärten schließen den Prozess ein, diese Möglichkeiten zu verwirklichen. Das Recht auf Garten drückt das gesicherte Recht von Gemeinschaften sowohl auf öffentliche Freiräume als auch auf kollektive Prozesse einer partizipativen Regulierung ihrer Sicherheit und Nutzung aus.

Fazit

Zugang *zu*, Nutzung und Besitz *von* Land beinhalten den zentralen Kampf zwischen lokal ansässigen Bewohner*innen und denen, die die Kontrolle ausüben und sich an der globalen Zirkulation und Akkumulation von Kapital bereichern. Erstere haben eine langfristige Bindung an den Raum, von dem ihre Lebensqualität, ihre Möglichkeit zur Selbstbestimmung und ihr Lebensunterhalt abhängen. Letztere verlagern ihre Investitionen flexibel dorthin, wo Profit zu erzielen ist. In New York hat Urban Gardening buchstäblich dazu geführt, den sozialen Widerstand gegen die Unwägbarkeiten von Kapitalinteressen an lokalen Finanzinvestitionen zu verwurzeln. Gemeinschaftsgärten sind kulturspezifische, partizipatorisch gestaltete gemeinschaftliche Freiräume. Sie sind materielle Transfigurationen von Räumen, die das Überleben, den Widerstand und die Reproduktion kultureller Traditionen ermöglichen und denjenigen, die Zugang, Nutzung und Besitz teilen, aufgrund ihres Engagements Selbstachtung und Ermächtigung verschaffen.

Wir fordern die Anerkennung eines Menschenrechts auf Garten und unterstützen damit die Forderung nach gemeinschaftlichem Landbesitz und dem Schutz der Menschenwürde als einen Zustand, der durch die individuelle und gemeinschaftliche Fähigkeit erreicht wird, selbst über die Integrität und Sicherheit der eigenen Existenz zu bestimmen. Jenseits von autonomer Selbsthilfe artikulieren VGGT-Politik und RTTC-Theorie aber auch den Wert lokaler öffentlicher Institutionen, um Bedürfnisse zu unterstützen und die politische Fähigkeit zur Beteiligung der Gemeinschaft an der Verteidigung und Gestaltung ihrer Nachbarschaften zu fördern. Des Weiteren fordern wir die Verankerung entsprechender Pläne, Politiken und Programme in einem System von Rechten und entsprechenden Pflichten, die durch internationales Recht mit einem menschenrechtsbasierten Ansatz festgelegt sind.

Bellows, A., et al. (eds.) (2016): *Gender, Nutrition, and the Human Right to Adequate Food: Toward an Inclusive Framework*. London: Routledge.

Civil Society Mechanism of the UN Committee on World Food Security (2016): *Synthesis Report on Civil Society Experiences Regarding Use and Implementation of the Tenure Guidelines and the Challenge of Monitoring CFS Decisions*. http://www.csm4cfs.org/wp-content/uploads/2016/10/20161019_CSM_Monitoring_TG.pdf (Accessed: March 10, 2021).

Harvey, D. (2008): "The Right to the City." In: *New Left Review* 53, pp. 23–40.

Kofman, E. / Lebas, E. (eds.) (1996): *Writings on Cities: Henri Lefebvre*. Oxford: Blackwell.

McCain M (1987): *A New Mall for the South Bronx Hub*. New York Times. February 1, 1987. www.nytimes.com/1987/02/01/realestate/a-new-mall-for-the-south-bronx-hub.html (Accessed: May 07, 2021).

Mees, C. (2015): *Rebuilt Rubble – Community Gardens in the South Bronx from 1970s to the 21st Century: Common Land Use in the Inner City from a Socio-economic Open Space Planning Perspective*. Doctoral Thesis. Department of Architecture, Berlin University of the Arts. https://opus4.kobv.de/opus4-udk/frontdoor/index/index/docId/945 (Accessed: March 10, 2021).

Mees, C. (2018): *Participatory Design and Self-building in Shared Urban Open Spaces: Community Gardens and Casitas in New York City*. Wageningen: Springer.

United Nations (1948): *Universal Declaration of Human Rights*. https://www.un.org/en/universal-declaration-human-rights/index.html (Accessed: March 10, 2021).

United Nations, Committee on Economic, Social, and Cultural Rights (1999): *General Comment 12, Right to Adequate Food, Article 11*. https://tbinternet.ohchr.org/_layouts/15/treatybodyexternal/TBSearch.aspx?Lang=en&TreatyID=9&DocTypeID=11 (Accessed: March 10, 2021).

United Nations Food and Agriculture Organization/Committee on World Food Security (2012): *Voluntary Guidelines on the Responsible Governance of Tenure of Land, Fisheries and Forests in the Context of National Food Security*. http://www.fao.org/3/i2801e/i2801e.pdf (Accessed: March 10, 2021).

Bellows, A., et al. (Hrsg.) (2016): *Gender, Nutrition, and the Human Right to Adequate Food: Toward an Inclusive Framework*. London: Routledge.

Civil Society Mechanism of the UN Committee on World Food Security (2016): *Synthesis Report on Civil Society Experiences Regarding Use and Implementation of the Tenure Guidelines and the Challenge of Monitoring CFS Decisions*. http://www.csm4cfs.org/wp-content/uploads/2016/10/20161019_CSM_Monitoring_TG.pdf (letzter Zugriff: 10.03.2021).

Harvey, D. (2008): „The Right to the City". In: *New Left Review* 53, S. 23–40.

Kofman, E. / Lebas, E. (Hrsg.) (1996): *Writings on Cities: Henri Lefebvre*. Oxford: Blackwell.

McCain M (1987): „A New Mall for the South Bronx Hub". In: *New York Times*, 1. Februar 1987. Unter: www.nytimes.com/1987/02/01/realestate/a-new-mall-for-the-south-bronx-hub.html (letzter Zugriff: 07.05. 2021).

Mees, C. (2015): *Rebuilt Rubble – Community Gardens in the South Bronx from 1970s to the 21st Century: Common Land Use in the Inner City from a Socio-economic Open Space Planning Perspective*. Doktorarbeit im Fachbereich Architektur, Universität der Künste Berlin. https://opus4.kobv.de/opus4-udk/frontdoor/index/index/docId/945 (letzter Zugriff: 10.03.2021).

Mees, C. (2018): *Participatory Design and Self-building in Shared Urban Open Spaces: Community Gardens and Casitas in New York City*. Wageningen: Springer.

United Nations (1948): *Universal Declaration of Human Rights*. https://www.un.org/en/universal-declaration-human-rights/index.html (letzter Zugriff: 10.03.2021).

United Nations, Committee on Economic, Social, and Cultural Rights (1999): *General Comment 12, Right to Adequate Food, Article 11*. https://tbinternet.ohchr.org/_layouts/15/treatybodyexternal/TBSearch.aspx?Lang=en&TreatyID=9&DocTypeID=11 (letzter Zugriff: 10.3.2021).

United Nations Food and Agriculture Organization/Committee on World Food Security (2012); *Voluntary Guidelines on the Responsible Governance of Tenure of Land, Fisheries and Forests in the Context of National Food Security*. http://www.fao.org/3/i2801e/i2801e.pdf (letzter Zugriff: 10.3.2021).

Democratizing Land Access: Land Purchasing Cooperatives and the New Agricultural Commons

Marit Rosol

Land purchasing cooperatives represent an exciting case of civic initiatives that seek to de-commodify farmland, to counter land speculation and financialization, and, importantly, to connect producers with consumers and the city with the country.

In Germany, prices for agricultural land have risen dramatically after the global financial crisis of 2008, in particular in areas close to major cities. Land is now unaffordable for small-scale farmers without inherited land or wealth as it is impossible to finance land purchases through farming revenues (Bahner et al. 2012; for the international dimension van der Ploeg et al. 2015). Prices are driven up by the "land hunger" of non-agricultural investors and the related conversion of agricultural lands into financial products (Clapp/Isakson 2018). Land issues are therefore an increasingly important topic for food movements. One important attempt of finding alternative forms of land access are land purchasing cooperatives (Kumnig/Rosol 2021).

Funded through renewable member shares, the cooperatives purchase land to lease it long-term to small-scale organic farmers at a rate that reflects production capacity, not market value. Through their alternative economic land ownership model (Rosol 2020), the cooperatives seek to reach three goals: economic goals (protecting a common good against financialization, aiming at decommodification of land), environmental goals (increasing soil fertility and crop diversity through a long-term tenure model), and social goals (connecting farmers and consumers). Although most of the land purchased is situated outside of cities, the example of land purchasing cooperatives is important for cities in at least two ways. First, land secured this way is meant to feed cities—with organically produced, seasonal, and regional food. Second, most of the cooperative members live in cities.

There are currently three land cooperatives in Germany: *Kulturland eG*, *BioBoden eG*, and *Ökonauten eG*.[1] They were founded in the early 2010s, when the effects of increased "land hunger" became palpable in face of surging prices. Members include farmers, who lease cooperative land, and supporters, predominantly urban consumers. Most supporting members limit their activity to buying shares, thus to providing financial support. However, besides establishing a financial support system, land cooperatives also connect cooperative members with each other through farm visits and other forms of direct communication. Beyond enabling and preserving access to land, the cooperatives aim at organizing food production in a collective way and according to the needs and desires of the people involved.

Land cooperatives are non-capitalist enterprises, jointly owned and democratically governed by their members. The purpose of land purchasing cooperatives is not to make profit and exploit

Den Zugang zu Land demokratisieren: Bodengenossenschaften und neue landwirtschaftliche Allmenden

Marit Rosol

Bodengenossenschaften sind ein spannendes Beispiel für zivilgesellschaftliche Initiativen, welche darauf abzielen, Land zu dekommodifizieren, der Bodenspekulation und Finanzialisierung entgegenzuwirken und Produzierende und Konsumierende sowie Stadt und Land zu verbinden.

Seit der globalen Finanzkrise von 2008 sind die Preise für landwirtschaftliche Flächen – insbesondere in der Nähe von großen Städten – in Deutschland dramatisch gestiegen. Land ist für Bäuer*innen (bio oder konventionell), die weder Land geerbt haben noch Vermögen besitzen, inzwischen unerschwinglich geworden, da es nicht mehr möglich ist, den Kauf des Lands allein durch Einnahmen aus der Landwirtschaft zu finanzieren (Bahner et al. 2012; für die internationale Dimension vgl. van der Ploeg/Franco/Borras 2015). Die Preise werden vor allem durch den „Landhunger" nicht landwirtschaftlicher Investor*innen und die damit verbundene Umwandlung von Agrarland in Finanzprodukte in die Höhe getrieben (Clapp/Isakson 2018). Die Landfrage ist daher ein zunehmend wichtiges Thema für Ernährungsbewegungen geworden. Ein wichtiger Ansatz, alternative Formen des Landzugangs zu finden, und ein spannendes Beispiel für zivilgesellschaftliche Initiativen, welche versuchen, landwirtschaftliche Flächen zu dekommodifizieren, der Bodenspekulation und Finanzialisierung entgegenzuwirken und Produzierende und Konsumierende sowie Stadt und Land zusammenzubringen, sind Bodengenossenschaften (Kumnig/Rosol 2021).

Finanziert durch kündbare Mitgliedsanteile, kaufen diese Genossenschaften Land, um es langfristig an Biobäuer*innen zu verpachten, und zwar zu Kosten, welche die Produktionskapazität und nicht den Marktwert widerspiegeln. Mit ihrem alternativen ökonomischen Landbesitzmodell (Rosol 2020) wollen die Genossenschaften drei Ziele erreichen: ökonomische Ziele (Schutz eines Gemeinguts vor Finanzialisierung mit dem Ziel der Dekommodifizierung von Land), ökologische Ziele (Verbesserung der Bodenfruchtbarkeit und der Kulturpflanzenvielfalt durch langfristige Pachtmodelle) und soziale Ziele (Verbindung von Produzent*innen und Verbraucher*innen). Obwohl der Großteil des gekauften Lands außerhalb von Städten liegt, ist das Beispiel der Bodengenossenschaften mindestens in zweierlei Hinsicht auch für die Städte wichtig. Zum einen versorgt das auf diese Weise gesicherte Land die Städte mit ökologisch erzeugten, saisonalen und regionalen Nahrungsmitteln, zum anderen leben die meisten Genossenschaftsmitglieder in Städten.

In Deutschland gibt es derzeit drei Bodengenossenschaften: Kulturland eG, BioBoden eG und Ökonauten eG.[1] Sie wurden Anfang der 2010er-Jahre gegründet, als die Auswirkungen des zunehmenden „Landhungers" angesichts steigender Preise spürbar wurden. Zu den

land as a commodity, but to take land out of the market. The goal is to protect access to a common good by transforming private property into a commons' resource, secured through a community and principles of a registered cooperative. *Kulturland eG* explicitly links their concept to the idea of creating the "new commons"—using the historical German term *"Allmende"* (Bahner et al. 2012). To this end, they also engage in political education and connect questions of land with those of agriculture, food, and access to the necessary resources of life. Nonetheless, the land cooperatives' activists acknowledge the limits of civic agricultural initiatives. They understand that the alarming rate of land concentration and loss of small farms will not be solved through land purchases alone. Therefore, they also demand stricter regulation of land speculation, support for farms committed to sustainable agriculture, and a general reorientation of agricultural policies.

1   For more details see their respective websites: www.kulturland.de; www.oekonauten-eg.de; www.bioboden.de (Accessed: March 10, 2021).

Mitgliedern gehören Produzent*innen, welche genossenschaftliches Land pachten, sowie Unterstützer*innen, überwiegend städtische Verbraucher*innen. Die meisten unterstützenden Mitglieder beschränken ihre Aktivitäten auf den Kauf von Anteilen, also auf die finanzielle Unterstützung. Darüber hinaus ermöglichen die Bodengenossenschaften jedoch auch den persönlichen Austausch zwischen Genossenschaftsmitgliedern durch Hofbesuche und andere direkte Kommunikationsformen. Ziel der Genossenschaften ist dabei nicht nur, den Zugang zu Land zu ermöglichen und aufrechtzuerhalten, sondern auch die Nahrungsmittelproduktion auf kollektive Weise und entsprechend den Bedürfnissen und Vorstellungen der Beteiligten zu organisieren.

Bodengenossenschaften sind nicht kapitalistische Wirtschaftsbetriebe, die sich im gemeinsamen Eigentum ihrer Mitglieder befinden und von diesen demokratisch geführt werden. Die Bodengenossenschaften zielen nicht auf Profit oder die Verwertung von Land als Ware, sie wollen vielmehr das Land dem Markt entziehen. Ihr Ziel ist, den dauerhaften Zugang zu einem Gemeingut zu gewährleisten, indem sie Privateigentum in ein Allgemeingut umwandeln und durch die Gemeinschaft und die Prinzipien einer eingetragenen Genossenschaft sichern. Kulturland eG knüpft mit ihrem Konzept explizit an die Idee der Schaffung einer „neuen Allmende" an (Bahner et al. 2012). Deshalb engagiert sich die Genossenschaft auch für politische Bildung und verbindet Landfragen mit weitergehenden Fragen von Landwirtschaft, Ernährung und des Zugangs zu lebensnotwendigen Ressourcen. Nichtsdestotrotz sehen die Aktivist*innen auch die Grenzen zivilgesellschaftlicher Agrarinitiativen. Sie sind sich bewusst, dass das Problem des alarmierenden Anstiegs der Landkonzentration und des Verschwindens einer (klein-)bäuerlichen Landwirtschaft nicht allein durch Landkäufe gelöst werden kann. Deshalb fordern sie auch die strengere Regulierung der Landspekulation, die gezielte Unterstützung einer regional orientierten ökologischen und kleinteiligen Landwirtschaft sowie eine generelle Neuausrichtung der Agrarpolitik.

1   Weitere Einzelheiten sind auf den jeweiligen Websites zu finden unter
      www.kulturland.de, www.oekonauten-eg.de, www.bioboden.de
      (alle letzter Zugriff: 10.03.2021).

Bahner, T., et al. (2012): *Land[frei]kauf. Bodenmarkt und neue Eigentumsformen im Ökologischen Landbau*. Hitzacker: Internationaler Verein für biologisch-dynamische Landwirtschaft. https://www.kulturland.de/sites/default/files/2019-11/ibda_bodenstudie_20121207.pdf (Accessed: March 10, 2021).

Clapp, J. / Isakson, S. R. (2018): *Speculative Harvests. Financialization, Food, and Agriculture*. Halifax: Fernwood Publishing.

Kumnig, S. / Rosol, M. (2021): "Commoning Land Access: Collective Purchase and Squatting of Agricultural Lands in Germany and Austria." In: Exner, A., Kumnig, S., and Hochleithner, S. (eds): *Capitalism and the Commons. Just Commons in the Era of Multiple Crises*. London: Routledge, pp. 35–49.

Rosol, M. (2020): "On the Significance of Alternative Economic Practices – Reconceptualizing Alterity in Alternative Food Networks." In: *Economic Geography* 96 (1), pp. 52–76.

Van der Ploeg / J. D., Franco, J. C. / Borras, S. M. (2015): "Land concentration and land grabbing in Europe: a preliminary analysis." In: *Canadian Journal of Development Studies*, 36 (2), pp. 147–162.

Bahner, T., et al. (2012): *Land[frei]kauf. Bodenmarkt und neue Eigentumsformen im Ökologischen Landbau*. Hitzacker: Internationaler Verein für biologisch-dynamische Landwirtschaft. https://www.kulturland.de/sites/default/files/2019-11/ibda_bodenstudie_20121207.pdf (letzter Zugriff: 10.03.2021).

Clapp, J. / Isakson, S. R. (2018): *Speculative Harvests. Financialization, Food, and Agriculture*. Halifax: Fernwood Publishing.

Kumnig, S. / Rosol, M. (2021): „Commoning Land Access: Collective Purchase and Squatting of Agricultural Lands in Germany and Austria". In: Exner, A. / Kumnig, S. / Hochleithner, S. (Hrsg): *Capitalism and the Commons. Just Commons in the Era of Multiple Crises*. London: Routledge, S. 35–49.

Rosol, M. (2020): „On the Significance of Alternative Economic Practices – Reconceptualizing Alterity in Alternative Food Networks". In: *Economic Geography*, 96 (1), S. 52–76.

Van der Ploeg, J. D. / Franco, J. C. / Borras, S. M. (2015): „Land concentration and land grabbing in Europe: a preliminary analysis". In: *Canadian Journal of Development Studies*, 36 (2), S. 147–162.

Collaborative Urban Agricultures

Christa Müller

Open space planning, landscape architecture, and other design disciplines explore food cultivation in cities without major barriers to acceptance or problems of legitimization. This is demonstrated by some of the contributions in this volume. In European sociology, deeply anchored in the progressive thinking of industrial modernity, it is still difficult today to overcome dualistic conceptualizations and to understand urban subsistence activities as an expression of highly modern socialization processes. Yet there is by no means a lack of empirical evidence. It is not least the artistic-activist "appropriation of space with vegetables" (Müller 2021) that enabled contemporary forms of linkage for the phenomenon from the beginning, making it possible to translate them into different community value systems.

However, pioneers from around the beginning of 2010 were by no means only concerned with playful forms of spatial intervention in the public space. This becomes evident through the sincerity with which the projects have continuously advanced urban, small-scale production on wasteland sites and unexpected places. Annalinde gGmbH in Leipzig, founded in 2011, is one example, which proved early on to be a transformative actor with an entrepreneurial and at the same time non-profit agenda (Kropp/Müller 2017).

Annalinde with its approach to multifunctional urban agriculture has also been active in the eastern part of Leipzig since 2019. The experience gained in the first few years within the protected framework of the "alternative" western part of Leipzig—for example, in the reconstruction of a dilapidated market garden on the edge of the Wilhelminian district of Lindenau. The accompanying consolidation of economically viable solidarity networks, in cooperation with

city administrations, research institutions, and ministries, has since been made fruitful in the high-density, structurally and socially disadvantaged eastern part of Leipzig, which has seen a great deal of recent migration movements. One example is the project *Umweltbildung im Ankunftsquartier* (Environmental Education in the Arrival Quarter), which Annalinde carried out as a practice partner with the Helmholtz Centre for Environmental Research, as part of the *KoopLab: Integration durch kooperative Freiflächenentwicklung – Reallabore zur Stärkung sozial-ökologischer Entwicklung in Ankunftsquartieren* (Integration through Cooperative Open Space Development – Field Test Laboratories for Strengthening Socio-ecological Development in Arrival Quarters), which will run until autumn 2021.

Kollaborative urbane Agrarkulturen

Christa Müller

Freiraumplanung, Landschaftsarchitektur und andere gestaltende Disziplinen beschäftigen sich ohne größere Rezeptionssperren und Legitimationsprobleme mit dem Anbau von Lebensmitteln in der Stadt. Davon zeugen nicht zuletzt einige der Beiträge in diesem Band. In der europäischen Soziologie dagegen, tief verankert im Fortschrittsdenken der Industriemoderne, fällt es bis heute schwer, dualistisch geprägte Begrifflichkeiten zu überwinden und urbane Subsistenzaktivitäten als Ausdruck hochmoderner Vergesellschaftsprozesse zu verstehen. Dabei fehlt es keineswegs an empirischer Evidenz. Es sind nicht zuletzt die künstlerisch-aktivistischen „Raumaneignungen mit Gemüse" (Müller 2021), die dem Phänomen von Beginn an zeitgemäße Formen der Verknüpfung ermöglichten und es in unterschiedliche gesellschaftliche Sinnsysteme kommunizieren konnten.

Dass es den Pionier*innen aus der Zeit des Dekadenwechsels um das Jahr 2010 jedoch keineswegs nur um spielerische Formen des räumlichen Intervenierens im öffentlichen Raum ging, zeigt die Ernsthaftigkeit, mit der die Projekte die urbane, kleinteilige Produktion auf Brachen und an unerwarteten Orten kontinuierlich weiter vorantreiben; so zum Beispiel die 2011 gegründete Annalinde gGmbH in Leipzig, die sich schon früh als transformative Akteurin mit unternehmerischer und zugleich gemeinnützig verankerter Agenda erwies (Kropp/Müller 2017).

Seit 2019 engagiert sich Annalinde mit ihrem Ansatz der multifunktionalen urbanen Landwirtschaft nun auch im Ostteil der Stadt: Die Erfahrungen, die in den ersten Jahren im geschützten Rahmen des „alternativen" Leipziger Westens gesammelt wurden – zum Beispiel beim Wiederaufbau einer verfallenen Gärtnerei am Rande des Gründerzeitviertels Lindenau, beim flankierenden Stärken wirtschaftlich tragfähiger solidarischer Netzwerke und auch in Kooperationen mit Stadtverwaltungen, Forschungseinrichtungen und Ministerien – werden seitdem auch im hochverdichteten, sozialstrukturell benachteiligten und durch rezente Migrationsbewegungen geprägten Leipziger Osten fruchtbar gemacht. Ein Beispiel ist das Projekt „Umweltbildung im Ankunftsquartier", das Annalinde als Praxispartnerin des Helmholtz-Zentrums für Umweltforschung durchführte, und zwar im Rahmen des noch bis Herbst 2021 laufenden „KoopLab: Integration durch kooperative Freiflächenentwicklung – Reallabore zur Stärkung sozialökologischer Entwicklung in Ankunftsquartieren".

Die Produktivität der gärtnerischen und landwirtschaftlichen Aktivitäten im interkulturellen Gemeinschaftsgarten oder auf einer Industriebrache in der „Gärtnerei Ost" erschöpft sich also nicht im Anbau oder in der Verarbeitung von Gemüse, dem experimentellen Anbau von Pilzen oder der Erzeugung von Energie und hochwertigem Kompost in einem Mehrkammerbiomeiler. Vielmehr äußert sie sich auch in unerwarteten Formen der Teilhabe und der gegenseitigen Befähigung.

Image 1: Garden dinner in the Annalinde community garden, Leipzig. Photo: Christa Müller.

Image 2: Mobile vegetable cultivation in the Annalinde community garden, Leipzig. Photo: Christa Müller.

Abb. 1: Gartendinner im Gemeinschaftsgarten Annalinde, Leipzig. Foto: Christa Müller.

Abb. 2: Mobiler Gemüseanbau im Gemeinschaftsgarten Annalinde, Leipzig. Foto: Christa Müller.

Image 3: Library in Frankfurt's community garden. Photo: Christa Müller.

Image 4: International neighborhood garden, Hanover. Photo: Cornelia Suhan.

Abb. 3: Bibliothek im Frankfurter Gemeinschafts-garten. Foto: Christa Müller.

Abb. 4: Internationaler Stadtteilgarten, Hannover. Foto: Cornelia Suhan.

The productivity of gardening and agricultural activities in the inter-cultural community garden or on an industrial wasteland at *Gärtnerei Ost* does more than just cultivate or process vegetables, carry out experimental cultivation of mushrooms, or produce energy and high-quality compost in a multi-chamber compost heater. It also mani-fests itself in unexpected forms of participation and the mutual em-powerment of its users.

Annalinde gGmbH was founded in 2011 as an *Initiative für zeitgenössische Stadtentwicklung* (Initiative for Contemporary Urban Development). As this description suggests, it is operated by a young generation of urban designers without specialist training who have a fine sense of the need for social and ecological participation. They are experimenting with ways in which this can work when newly arrived and long-established inhabitants of the city join in, make something themselves, plant, harvest, and cook together. After ten years, the same can be said of this project as of many other DIY projects that want to "repair the world": These collaborative and restorative projects are just as urgently needed to counter current crises in order to co-create cities that are fit for people and nature by democratized forms of covering basic needs and a caring attitude towards every living being (Baier/Müller 2020). The debate on pan-demic-resistant cities and also the increasingly impactful discourse on species extinction and climate change in car-oriented cities show the high relevance of urban participatory and, above all, produc-tive open spaces, which must be vehemently promoted in public space.

Die Annalinde gGmbH wurde 2011 als eine „Initiative für zeitgenössische Stadtentwicklung" gegründet. Der Name verrät eine junge Generation von Stadtgestalter*innen ohne Fachausbildung, die ein feines Gespür für die Notwendigkeit von sozialer wie zugleich auch ökologischer Teilhabe aufweisen und die erproben, wie genau es funktionieren kann, wenn neu ankommende oder alteingesessene Stadtbewohner*innen mitmachen, selber machen, pflanzen, gemeinsam ernten und kochen. Nach zehn Jahren lässt sich von diesem Projekt ähnliches sagen wie von vielen anderen DIY-Projekten, die „die Welt reparieren" wollen: Sie werden für die krisenhaften

Prozesse ebenso dringend gebraucht, um menschen- und naturgerechte Städte zu schaffen, wie eine demokratisierte Daseinsvorsorge und eine sorgende Haltung gegenüber allem, was lebendig ist (Baier/Müller 2020).

Nicht zuletzt die Debatte um pandemieresistente Städte, aber eben auch die immer wirkmächtiger werdenden Diskurse um Artensterben und Klimawandel in den nach wie vor autogerechten Städten zeigen die hohe Relevanz von urbanen, partizipativen und vor allem auch produktiven Grünräumen, die es vehement im öffentlichen Raum zu schaffen gilt.

References

Baier, A. / Müller, C. (2020): "Die Do-it-Yourself-Community in Zeiten von Corona. Plädoyer für eine demokratisierte Daseinsvorsorge". In: M. Volkmer / K. Werner (eds.): *Die Corona-Gesellschaft. Analysen zur Lage und Perspektiven für die Zukunft*. Bielefeld: transcript Verlag, pp. 383–393.

Kropp, C. / Müller, C. (2017): "Transformatives Wirtschaften in der urbanen Ernährungsbewegung: zwei Fallbeispiele aus Leipzig und München". https://doi.org/10.1515/zfw-2017-0007 (Accessed March 13, 2021).

Müller, C. (2021): "Urban Gardening, soziale Ungleichheit und Umweltgerechtigkeit". In: H. Lemke / A. Haarmann (eds.): *Die Keimzelle. Transformative Praxen einer anderen Stadtgesellschaft. Theoretische und künstlerische Zugänge*. Bielefeld: transcript Verlag.

Bibliografie

Baier, A. / Müller, C. (2020): „Die Do-it-Yourself-Community in Zeiten von Corona. Plädoyer für eine demokratisierte Daseinsvorsorge". In: M. Volkmer / K. Werner (Hrsg.): *Die Corona-Gesellschaft. Analysen zur Lage und Perspektiven für die Zukunft*. Bielefeld: transcript Verlag, S. 383–393.

Kropp, C. / Müller, C. (2017): „Transformatives Wirtschaften in der urbanen Ernährungsbewegung: zwei Fallbeispiele aus Leipzig und München". https://doi.org/10.1515/zfw-2017-0007 (letzter Zugriff: 13.03.2021).

Müller, C. (2021): „Urban Gardening, soziale Ungleichheit und Umweltgerechtigkeit". In: H. Lemke / A. Haarmann (Hrsg.): *Die Keimzelle. Transformative Praxen einer anderen Stadtgesellschaft. Theoretische und künstlerische Zugänge*. Bielefeld: transcript Verlag.

5 Case Study Berlin

Fallstudie Berlin

The Berlin Community Garden Program

Toni Karge

Community gardens have been an integral part of Berlin for more than 20 years. They are a prominent example of open spaces that are designed in a participatory and self-organized way. The City of Berlin has increasingly taken an interest in community gardens for various reasons. The most important of these include (1) pressure from civil society, created by the threat of evictions from numerous gardens and the subsequent political positioning of the urban gardening movement; (2) the strategic turn by the Senate department responsible for urban green spaces towards civil-society activities, especially as part of "Strategie Stadtlandschaft—Urban landscape strategy" (SenStadtUm 2014) and the "Charta für das Berliner Stadtgrün— Charter for Berlin's urban green spaces" (SenUVK 2020); and (3) the Senate coalition agreement of 2016 and the House of Representatives' resolution "Urban Gardening in der Stadt verwurzeln—Rooting urban gardening in the city" of 2018, the contents of which both referred to the demands of the urban gardening movement.

Three central elements were launched: the establishment of the platform "Produktives Stadtgrün—Productive urban green"[1], among other things to consolidate the communications network of community gardens; the appointment of a contact person for community gardens as an intermediary between gardens and the administration (the author); the development of a city-wide concept for urban gardens and, as a central component of this, the "Berliner Gemeinschaftsgarten-Programm—Berlin Community Garden Program." The overarching goal of this project is to integrate community gardens into open-space planning as a (relatively) new use of open space and recognize them as part of the urban green (Karge 2020). The Community Garden Program is thus also accompanied by a recognition of the community gardens' specific benefit for the city. Community gardens are social spaces of integration and inclusion and give people support and identification with their environment in their everyday social life, which is particularly important in socially disadvantaged urban neighborhoods. Biodiversity, urban climate, and nutrition play an essential role for the gardeners. Although diverse in nature, the gardens have in common that they are places of non-formal environmental education and that they are important green spaces in neighborhoods with a lack of green space. They are habitats for animals and plants. Through self-organization, they demonstrate an alternative way of dealing with and accessing public space in the city.

Decisive to the Berlin Community Garden Program is that it is *both* directed at existing community gardens and aims to facilitate new ones. In the process—so the goal—the diversity of the gardens must be taken into consideration and the diversity of their programs and open spaces recognized.

Image 1: Prinzessinnengarten at Moritzplatz – a central topic of discussion in the political debate about community gardens. Photo: Toni Karge.

Abb. 1: Die Prinzessinnengärten am Moritzplatz – zentral in der politischen Debatte um Gemeinschaftsgärten. Foto: Toni Karge.

Das Berliner Gemeinschaftsgarten-Programm
Toni Karge

Gemeinschaftsgärten sind seit über 20 Jahren nicht mehr aus Berlin wegzudenken. Sie sind ein prominentes Beispiel für partizipativ gestaltete selbstorganisierte Freiräume. Aus unterschiedlichen Gründen hat sich Berlin den Gemeinschaftsgärten verstärkt zugewendet. Zu den wichtigsten gehören (1) der zivilgesellschaftliche Druck, entstanden durch drohende Räumungen zahlreicher Gärten und die darauf folgende politische Positionierung der Urban-Gardening-Szene; (2) die strategische Hinwendung der für Stadtgrün zuständigen Senatsverwaltung auf zivilgesellschaftliche Aktivitäten, insbesondere mit der „Strategie Stadtlandschaft" (SenStadtUm 2014) und der „Charta für das Berliner Stadtgrün" (SenUVK 2020); sowie (3) die Koalitionsvereinbarung des Senats von 2016 und der Abgeordnetenhausbeschluss „Urban Gardening in der Stadt verwurzeln" von 2018, die sich beide inhaltlich auf die Forderungen der Urban-Gardening-Szene bezogen.

Drei zentrale Elemente wurden auf den Weg gebracht: die Einrichtung der Plattform „Produktives Stadtgrün"[1], unter anderem zur Stärkung des Kommunikationsnetzwerks der Gemeinschaftsgärten; das Einsetzen eines Ansprechpartners respektive einer Ansprechpartnerin für Gemeinschaftsgärten als Mittler*in zwischen Gärten und Verwaltung (aktuell der Autor); die Entwicklung eines gesamtstädtischen Konzepts für urbane Gärten und, als zentraler Baustein dessen, das Berliner Gemeinschaftsgarten-Programm. Damit, so das übergeordnete Ziel, erhalten Gemeinschaftsgärten als (verhältnismäßig) neuartige Freiraumnutzung Eingang in die Freiraumplanung und werden als Teil des Stadtgrüns anerkannt (Karge 2020).

Mit dem Gemeinschaftsgarten-Programm geht damit auch die Anerkennung ihrer spezifischen Leistungen für die Stadt einher. Gemeinschaftsgärten sind soziale Räume der Integration und Inklusion und geben Menschen in ihrem sozialen Alltag Halt und Identifikation, was insbesondere in sozial benachteiligten Stadtquartieren wichtig ist. Biodiversität, Stadtklima und Ernährung spielen für die Gärtner*innen eine wesentliche Rolle. In ihrer Vielfalt haben die Gärten gemein, dass sie Orte der non-formalen Umweltbildung sind und in Quartieren mit Grünunterversorgung wichtige Grünräume darstellen. Sie sind Lebensraum für Tiere und Pflanzen. Durch Selbstorganisation zeigen sie einen alternativen Umgang mit und Zugang zum öffentlichen Raum in der Stadt.

Instruments for achieving these goals are being worked on in two dimensions of action. On the one hand, community gardens are to be promoted through various support measures focusing on knowledge transfer, communication and networking, materials; and funding. On the other hand, the program concentrates on discussing land potential, as the availability of land has decreased significantly in recent years. While in the 1990s and 2000s many gardens developed on wasteland areas, these sites are now the focus of residential, commercial, and social infrastructure development—community gardens often taking a back seat in planning considerations. There are hardly any unused areas left in Berlin. Areas for new community gardens should therefore be developed applying the concept of multiple use of open spaces. Sports fields, public green spaces, and underused commercial yards, for example, provide opportunities to accommodate community gardens and complement existing uses.

The land issue holds the greatest potential for conflict. In addition to under-equipped district offices and bureaucratic hurdles that can slow down the multiple-use approach, other types of use are also pushing for multiple use of open spaces (especially cultural open spaces and sports areas). Here, disputes about specific areas will follow.

1   See the article by Katrin Bohn in this book and wwww.berlin.de/
gemeinschaftsgaertnern (Accessed: March 10, 2012).

Image 2: Habitat not only for old and regional species and pollinator insects – Himmelbeet at Leopoldplatz. Photo: Toni Karge.

Image 3: Green re-use of an abandoned cemetery area – Prinzessinnengarten Cooperative, Hermannstrasse. Photo: Toni Karge.

Abb. 2: Lebensraum nicht nur für alte und regionale Sorten und Bestäuberinsekten – Himmelbeet am Leopoldplatz. Foto: Toni Karge.

Abb. 3: Grüne Nachnutzung einer aufzulassenden Friedhofsfläche – Prinzessinnengarten-Kollektiv, Hermannstraße. Foto: Toni Karge.

Entscheidend für das Berliner Gemeinschaftsgarten-Programm ist, dass es auf bestehende Gemeinschaftsgärten abzielt *und* neue Gemeinschaftsgärten ermöglichen soll. Dabei – so das Ziel – muss die Unterschiedlichkeit der Gärten miteinbezogen und ihre programmatische und freiräumliche Vielfalt anerkannt werden.

In zwei Handlungsdimensionen werden Instrumente zur Erreichung dieser Ziele bearbeitet. Zum einen sollen die Gemeinschaftsgärten durch verschiedene Unterstützungsmaßnahmen mit Fokus auf Wissenstransfer, Kommunikation und Netzwerk, Material und Finanzierung gefördert werden. Zum anderen wird im Programm ein Schwerpunkt auf die Auseinandersetzung um Flächenpotenziale gelegt, da die Flächenverfügbarkeit in den letzten Jahren deutlich abgenommen hat. Während in den 1990er- und 2000er-Jahren viele Gärten auf Brachflächen entstanden, stehen diese Flächen nun im Fokus der Entwicklung von Wohnen, Gewerbe und sozialer Infrastruktur – Gemeinschaftsgärten stehen in der planerischen Abwägung oft zurück. Ungenutzte Flächen gibt es kaum noch in Berlin. Flächen für neue Gemeinschaftsgärten sollen daher mithilfe des Konzepts der Mehrfachnutzung von Freiflächen erschlossen werden. So bieten etwa Sportflächen, öffentliche Grünflächen und untergenutzte Gewerbehöfe Möglichkeiten, gemeinschaftliche Gärten unterzubringen und die bestehenden Nutzungen zu ergänzen.

Die Flächenproblematik birgt das größte Konfliktpotenzial. Neben unterausgestatteten Bezirksämtern und bürokratischen Hürden, die den Mehrfachnutzungsansatz ausbremsen können, drängen auch andere Nutzungsarten auf Mehrfachnutzung von Freiflächen (insb. kulturelle Freiräume, Sport). Hier werden an konkreten Flächen Auseinandersetzungen folgen.

1   Siehe Beitrag von Katrin Bohn in diesem Buch sowie die Website www.berlin.de/gemeinschaftsgaertnern (letzter Zugriff: 10.03.2012).

Karge, T. (2020): "Urban Gardening als junges Planungs-feld? Von begrünten Brachflächen zu gärtnerischer Mehrfachnutzung in der Freiraumplanung". In: *PlanerIn*, No. 5, pp. 16–18.

Senatsverwaltung für Stadtentwicklung und Umwelt (SenStadtUm) (2014): *Strategie Stadtlandschaft. Natürlich urban produktiv*. https://www.berlin.de/sen/uvk/_assets/ natur-gruen/landschaftsplanung/strategie-stadtlandschaft/ strategie-stadtlandschaft-berlin.pdf (Accessed: March 11, 2021).

Senatsverwaltung für Umwelt, Verkehr und Klimaschutz (SenUVK) (2020): *Charta für das Berliner Stadtgrün. Eine Selbstverpflichtung des Landes Berlin*. https://www.berlin.de/ senuvk/umwelt/stadtgruen/charta/download/Charta.pdf (Accessed: March 11, 2021).

Karge, T. (2020): „Urban Gardening als junges Planungs-feld? Von begrünten Brachflächen zu gärtnerischer Mehrfachnutzung in der Freiraumplanung". In: *PlanerIn*, 5, S. 16–18.

Senatsverwaltung für Stadtentwicklung und Umwelt (SenStadtUm) (2014): *Strategie Stadtlandschaft. Natürlich urban produktiv*. Unter: https://www.berlin.de/sen/ uvk/_assets/natur-gruen/landschaftsplanung/strategie-stadtlandschaft/strategie-stadtlandschaft-berlin.pdf (letzter Zugriff: 11.03.2021).

Senatsverwaltung für Umwelt, Verkehr und Klimaschutz (SenUVK) (2020): *Charta für das Berliner Stadtgrün. Eine Selbstverpflichtung des Landes Berlin*. Unter: https://www.berlin.de/senuvk/umwelt/stadtgruen/charta/ download/Charta.pdf (letzter Zugriff: 11.03.2021).

Thoughts on the Importance of the Meso Perspective: the "Plattform Produktives Stadtgrün"

Katrin Bohn

On Negotiating Urban Space

More than 15 years ago, when starting to think about food and sustainable urban design, André Viljoen and I wrote about *open urban space—* urban space that is open—and we meant space within the urban area that is permeable, transient, airy, temporary, open to weather, movement, access, views, and "green". Experiencing urban spaces as open and open spaces as urban depends a lot on the *urban micro and macro perspectives* that led to their existence. Which perspectives do architects and urban designers take when negotiating urban space, especially in relation to food? Urban spaces for food retail, consumption, recycling, growing, and processing can well be *micro*. However, the way we currently feed our cities certainly is *macro*: it is one of the three major contributors to climate change.

Judging by the realities of environmental degradation, traditional urban planning has failed. Concerns of experts have not been sufficiently acknowledged. It requires a middle ground—a *meso* perspective—to better enable conversation between the various urban stakeholders and bring about widely supported and lasting change. How can this be initiated? In a time of social media, the author proposes to look at a recently developed tool for information, communication, networking, and—ultimately—urban planning.

The Plattform Produktives Stadtgrün

The *Plattform Produktives Stadtgrün (Platform Productive Urban Green)* is a Berlin-based interactive online tool that has two main functions: to inform and to exchange. Its new communication format aims to engage the public and city officials in discussing the future of the German capital's open (green) urban spaces by focusing on distinct spatial and use typologies. The first of those typologies are the city's community gardens, one of the most prolific and successful productive urban space types of contemporary Berlin. Their online presence was developed in 2019 by Berlin-based urban agriculture experts, including the author, in a participatory process with the city's urban gardeners. It is hosted on the Senate's official website. The platform informs about the long history of community gardens, and an interactive map provides an overview of the more than 200 community gardens in Berlin. In the forum, gardeners can exchange information with each other and with the Senate Administration for the Environment, Transportation and Climate Protection about practical gardening, but also about issues affecting city planning as a whole.

Gedanken zur Bedeutung der Mesoperspektive: „Plattform Produktives Stadtgrün"

Katrin Bohn

Über die Verhandlung des städtischen Raums

Vor mehr als 15 Jahren, als wir begannen über Nahrungsmittel und nachhaltige Stadtgestaltung nachzudenken, schrieben André Viljoen und ich über *open urban space* – städtischen Raum, der frei und offen ist – und wir meinten damit Raum innerhalb der Stadt, der durchlässig, vorübergehend, luftig, temporär, offen für Wetter, Bewegung, Zugang, Ausblicke und grün ist. Die Wahrnehmung von Stadträumen als frei sowie von Freiräumen als städtisch hängt in hohem Maße von der urbanen Mikro- und Makroperspektive ab, die zu ihrer Entstehung führte. Aber welche Sichtweise nehmen Architekt*innen und Stadtplaner*innen speziell in Bezug auf Nahrungsmittel ein, wenn sie den städtischen Raum verhandeln? Städtische Räume für Handel, Verzehr, Recycling, Anbau und Verarbeitung von Nahrungsmitteln können durchaus *mikro* sein. Die Art und Weise, wie wir unsere Städte derzeit ernähren, ist jedoch *makro* und dabei eine der drei Hauptursachen für den Klimawandel.

Gemessen an den Realitäten der Umweltzerstörung hat die traditionelle Stadtplanung versagt. Die Bedenken von Expert*innen wurden nicht ausreichend berücksichtigt, und nun braucht es einen Mittelweg – eine Mesoperspektive, um einen besseren Austausch zwischen den verschiedenen städtischen Akteur*innen zu ermöglichen und einen breit unterstützten und nachhaltigen Wandel herbeizuführen. Wie können wir das initiieren? Im Zeitalter der sozialen Medien schlägt die Autorin vor, ein kürzlich entwickeltes Tool für Information, Kommunikation, Vernetzung und – nicht zuletzt – Stadtplanung näher anzuschauen.

Plattform Produktives Stadtgrün

Die Plattform Produktives Stadtgrün ist ein berlinweites, interaktives Onlinetool, das zwei wesentliche Funktionen hat: Es soll informieren und Austausch ermöglichen. Dieses neue Kommunikationsformat zielt darauf ab, eine Diskussion zwischen Öffentlichkeit und Stadtverwaltung über die Zukunft der freien (grünen) Stadträume der deutschen Hauptstadt anzustoßen, wobei der Schwerpunkt auf verschiedene Raum- und Nutzungstypologien gelegt wird. Die erste aufgenommene Typologie sind die Gemeinschaftsgärten der Stadt, einer der vielfältigsten und erfolgreichsten produktiven Stadtraumtypen des heutigen Berlins. Der Onlineauftritt der Plattform wurde 2019 von Berliner Expert*innen für urbane Landwirtschaft, darunter auch die Autorin, in einem partizipativen Prozess mit städtischen Gärtner*innen entwickelt. Er ist in die offizielle Website des Senats eingebunden. Die Plattform informiert über die Geschichte der Gemeinschaftsgärten,

Can the New Platform Help Negotiate Urban Space?

It took many years and discussions between urban gardeners, city administrators, urban designers, and local politicians to reach the point at which *Plattform Produktives Stadtgrün* became possible. From now on, the platform can serve as an example for innovative urban planning processes that bring together multiple urban micro and macro perspectives. It is—or can become—in itself an open space allowing the direct (virtual) exchange of knowledge between urban stakeholders with very different agency. This contemporary tool can then contribute to the creation of physical, long-lasting open urban spaces. This is mainly because of its:

1. Reciprocity: Developing the platform with the community rather than for it was important for the gardeners and the Senate Administration. It allows the Senate to benefit from the reputation that Berlin's community gardeners brought to the city, and, at the same time, ensures prominent and official recognition of the gardeners and gardens.

2. Potential for Space Co-production: Knowledge of Berlin's various productive green space typologies that were identified during the process will increase among all stakeholder groups. This will not only improve the sense of local identity, it will also open up new avenues towards informed and more transparent urban planning and co-design.

3. Large Scale: Ultimately, the platform will allow the superimposition of several productive space maps, such as those of community gardens, allotment gardens, and urban farms. It will then become possible to coherently plan for a city-wide green infrastructure based on each individual component.

4. Economic Viability: Since the platform is hosted at the Senate's offices, there is a certain maintenance security. Fluctuations in funding had made it difficult for the urban gardeners to maintain previous versions of the *Berliner Gartenkarte*.

On the Meso Perspective

In conclusion, any participatory spatial design process always needs to ask who it is participating with and to what aim. Connecting the multiple micro and macro perspectives that any city, any task, any space bring to the urban planning table is key. If these can be openly declared and jointly agreed on, it is very likely that a common middle ground can be found in the design of open urban spaces. Such *open urban* spaces can then also be *urban open* spaces.

und eine interaktive Karte gibt einen Überblick über die mehr als 200 Gemeinschaftsgärten in Berlin. Im Forum können sich die Gärtner*innen untereinander und mit der Senatsverwaltung für Umwelt, Verkehr und Klimaschutz nicht nur über das praktische Gärtnern, sondern auch über allgemeine Fragen der Stadtplanung austauschen.

Kann die neue Plattform dabei helfen, den städtischen Raum zu verhandeln?
Es hat viele Jahre und Diskussionen zwischen Stadtgärtner*innen, Stadtverwaltung, Stadtplaner*innen und Kommunalpolitiker*innen in Anspruch genommen, um an den Punkt zu gelangen, an dem die Realisierung der Plattform Produktives Stadtgrün möglich wurde. Nun kann die Plattform als Beispiel für innovative Stadtplanungsprozesse dienen, die unterschiedliche städtische Mikro- und Makroperspektiven zusammenbringen. Sie selbst ist ein offener Raum – oder kann dazu werden. Dieser Raum ermöglicht den direkten (virtuellen) Wissensaustausch zwischen städtischen Akteur*innen mit sehr unterschiedlicher Handlungsmacht und kann zur Schaffung physischer, dauerhafter städtischer Freiräume beitragen. Dabei ist Folgendes entscheidend:

1. Gegenseitigkeit: Für Gärtner*innen und Senatsverwaltung war es wichtig, dass die Plattform *mit* der Gemeinschaft und nicht *für* sie entwickelt wurde. Sie ermöglicht es dem Senat, von dem guten Ruf zu profitieren, den die Berliner Gemeinschaftsgärtner*innen der Stadt verschafft haben, und sorgt gleichzeitig für eine deutliche offizielle Anerkennung der Gärtner*innen und ihrer Gärten.

2. Potenzial für räumliche Koproduktion: Alle Gruppen von Akteur*innen können ihr Wissen über die verschiedenen produktiven Grünraumtypologien Berlins, die während des Prozesses identifiziert wurden, erweitern. Das wird nicht nur das Gefühl lokaler Identität stärken, sondern auch neue Wege zu Co-Design und einer informierten und transparenten Stadtplanung eröffnen.

3. Großer Maßstab: Am Ende erlaubt die Plattform die Überlagerung mehrerer produktiver Raumkarten, so zum Beispiel jener von Gemeinschaftsgärten, Kleingärten und urbanen Farmen. Dadurch wird es möglich, eine kohärente stadtweite grüne Infrastruktur auf Grundlage der einzelnen Komponenten zu planen.

4. Wirtschaftliche Tragfähigkeit: Da die Plattform von der Senatsverwaltung betreut wird, gibt es eine gewisse Wartungssicherheit. Schwankungen in der Finanzierung hatten es den Stadtgärtner*innen zuvor schwer gemacht, frühere Versionen der *Berliner Gartenkarte* zu pflegen.

Zur Mesoperspektive
Abschließend ist zu sagen, dass in jedem partizipativen Raumplanungsprozess immer die Frage gestellt werden muss, mit wem und zu welchem

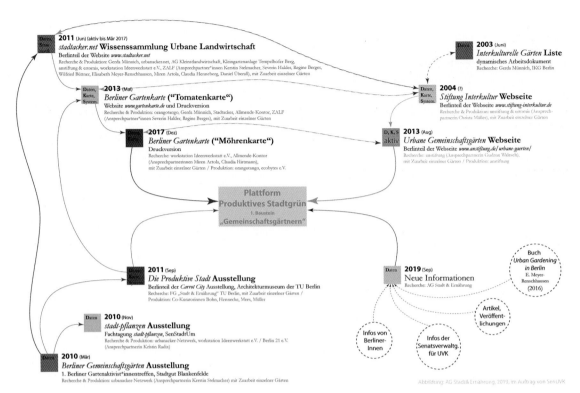

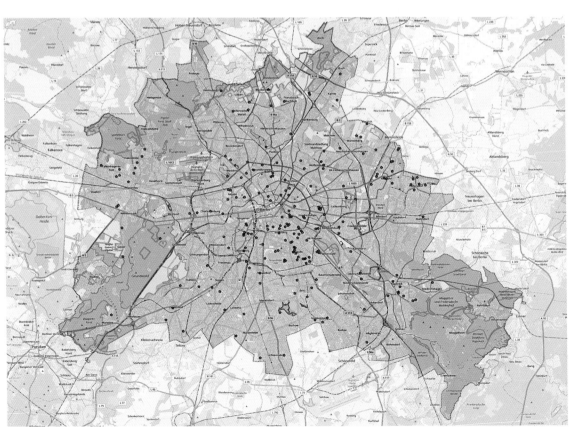

Image 1:
In 2019, Berlin had more than 200 community gardens, all of which were mapped as part of *Plattform Produktives Stadtgrün – Gemeinschafts-gärtnern*. Photo: AG Stadt & Ernährung 2019.

Abb. 1:
Im Jahr 2019 hatte Berlin über 200 Gemein-schaftsgärten, die alle im Rahmen des Projekts Plattform Produktives Stadtgrün kartiert wurden. Foto: AG Stadt & Ernährung, 2019.

Image 2:
The database behind *Plattform Produktives Stadtgrün – Gemeinschafts-gärtnern* was built from four main sources. Photo: AG Stadt & Ernährung 2019.

Abb. 2:
Die Datenbank hinter der Plattform Produktives Stadtgrün wurde aus vier Hauptquellen erstellt. Foto: AG Stadt & Ernährung, 2019.

Ziel die Partizipation erfolgt. Hier ist wesentlich, die vielfältigen Mikro- und Makroperspektiven, die jede Stadt, jede Aufgabe und jeder Raum in die Stadtplanung einbringt, miteinander zu verknüpfen. Wenn diese offen ausgewiesen und untereinander vereinbart werden, ist es sehr wahrscheinlich, dass gemeinsam ein Mittelweg bei der Gestaltung von Stadträumen gefunden werden kann. Diese *freien Stadträume* können dann auch *städtische Freiräume* sein.

Schools of Bottom-up Transformation: the Prinzessinnengarten
Marco Clausen

In 2009, we set up the Prinzessinnengarten on a plot of wasteland on Moritzplatz in the Berlin district of Kreuzberg. The idea was to create a place of learning that was open to everyone without fees or admission charges. By being actively involved, we wanted to gain and pass on practical knowledge about the ecological cultivation of vegetables in the city, preserving the diversity of crop plants, about composting methods and seed production. Other groups used the location for courses on beekeeping, for a free library, repair-work initiatives, as storage for reusable materials, or as a bread-baking cooperative. The Prinzessinnengarten thus became a sort of open school for "world-repairing" everyday practices. We did not want to≈do this self-organized educational work pro bono. For us, contributing towards a different, less destructive future also meant trying out new forms of working, avoiding precarious working conditions, developing our own skills, and doing so independent of specifications, bureaucratic structures, and the time restrictions of funded projects. We developed sources of income by holding lectures, consultancy work, selling seeds and young plants, and by issuing publications. The majority of the income used to maintain the garden and its educational activities was gained from operating a horticulture company and a garden café. With a suitable legal structure, we made sure that the profits could not be privatized, instead they had to be used in the non-profit area of the garden. In this way, we created work opportunities for up to 30 people whose skills were often not appreciated in a "normal" employment market tied to the growth economy. As "amateurs, newcomers, and anti-careerists," we invented new job types, for example by linking gardening know-how with communications work, or by cooking meals using seasonal products from the region or from our own garden. We began setting up educational gardens in kindergartens, schools, universities, and social facilities. Our café had about 40,000 visitors per year and used its income to support farming collectives, solidarity businesses, and cooperatives.

We saw this process of collective learning as one of appropriating know-how together and as an exchange of knowledge, skills, and world views. On the one hand, this resulted from an increasing skepticism about formal educational institutions and universities, their reproduction of social hierarchies, exclusion mechanisms, and their emphasis on performance and competition. On the other hand, the garden taught us a great deal about the meaning of traditional, manual, indigenous, and experience-based forms of knowledge. Through it, we came into contact with activists, farmers, and neighbors in our local area and at geographically distant places. An independent, self-organized educational practice on topics such as the commons,

Schulen des Wandels von unten: Beispiel Prinzessinnengarten
Marco Clausen

Im Jahr 2009 gründeten wir auf einer Brachfläche am Moritzplatz in Berlin-Kreuzberg den Prinzessinnengarten. Hier sollte ein Lernort entstehen, offen für alle, ohne Eintritt und Gebühren. Über das Mitmachen wollten wir uns praktische Kenntnisse über ökologischen Gemüseanbau in der Stadt, über den Erhalt der Vielfalt von Kulturpflanzen, über Kompostierungsmethoden und Saatgutgewinnung aneignen und weitergeben. Weitere Gruppen nutzten den Ort für Kurse zur Bienenhaltung, für eine freie Bücherei, Reparaturinitiativen, ein Lager für wiederverwendbare Materialien oder ein Brotbackkollektiv. Der Prinzessinnengarten wurde so zu einer Art offener Schule für „weltreparierende" Alltagspraktiken.

Diese selbstorganisierte Bildungsarbeit wollten wir nicht ehrenamtlich betreiben. Eine andere, weniger zerstörerische Zukunft bedeutete für uns auch, andere Arten des Arbeitens auszuprobieren, Prekarisierung von Arbeitsverhältnissen zu vermeiden, eigene Kompetenzen zu entwickeln und dabei unabhängig von Vorgaben, Bürokratisierung und Befristungen von Förderungen zu sein. Mit Vorträgen, Beratungen, Verkauf von Saatgut und Jungpflanzen sowie Publikationen erschlossen wir uns Einkunftsquellen. Den Großteil der Einnahmen zum Unterhalt des Gartens und seiner Bildungsangebote erzielten wir mit einem Gartenbaubetrieb und einem Gartencafé. Mit einer geeigneten Rechtsform stellten wir sicher, dass die Gewinne nicht privatisiert werden konnten, sondern in den gemeinnützigen Bereich des Gartens flossen. So schufen wir Arbeitsmöglichkeiten für bis zu 30 Menschen, deren Kompetenzen in dem an eine Wachstumsökonomie gekoppelten „normalen" Arbeitsmarkt oft wenig galten. Als „Dilettanten*innen", Quereinsteiger*innen oder Karriereverweiger*innen erfanden wir neue Berufsbilder, etwa in der Verbindung von gärtnerischem Wissen und Vermittlungsarbeit oder im Kochen von Gerichten aus saisonalen Produkten aus der Region oder dem eigenen Garten. Wir begannen, Bildungsgärten in Kitas, Schulen, Universitäten und sozialen Einrichtungen aufzubauen. Die Gastronomie hatte bis zu 40.000 Gäste pro Jahr und nutzte ihre Einkünfte zur Unterstützung von Hofkollektiven, solidarischen Betrieben und Kooperativen.

Diesen Prozess kollektiven Lernens verstanden wir als einen Prozess der gemeinsamen Aneignung und des Austausches von Wissen, Fähigkeiten und Weltsichten. Das ging einerseits einher mit einer zunehmenden Skepsis gegenüber formalen Bildungseinrichtungen und Universitäten, ihrer Reproduktion sozialer Hierarchien, Ausschlussmechanismen und Betonung von Leistung und Konkurrenz. Andererseits brachte uns der Garten die Bedeutung traditioneller, handwerklicher, indigener und erfahrungsbasierter Wissensformen näher.

urban-rural relationships, environmental and climate justice, and food sovereignty developed from these discussions. It was all about making other voices heard. That already began in 2009 with a youth participation project in which kids from the neighborhood were the "experts" and were also paid for their input. The idea developed further with a campaign in 2012, in which, together with more than 30,000 supporters, we were able to prevent the plot from being sold to an investor, while at the same time holding a public discussion about issues of gentrification, financialization, and land grabbing.

Finally, we built a three-story wooden school building in self-construction: the "arbor." Here the approaches of self-organized political education were intended to come together in an academy from below and have their own place. Within ten years, we had organized a total of 69 workshops and 105 events in the form of summer and evening schools, film and discussion evenings, exhibitions, and artistic interventions, and we had reached nearly 50,000 people without charging admission. Among the central topics dealt with were the fights to defend land, water and forestry as commons in very different locations such as New York, Belgrade, or the Lausitz region near Berlin. We reminded people of the forgotten stories outside our own front door: local approaches towards ecological neighborhood development in the 1980s, successful campaigns against a planned motorway, or defending Berlin's Grunewald against "financial speculation" at the beginning of the twentieth century—which inspired us to demand a "permanent garden contract." In the meantime, the original Prinzessinnengarten has moved on from Moritzplatz. With regard to Moritzplatz, we negotiated with the local authorities to initiate a process of dialogue and participation. Why should there not be the possibility to establish here a permanent, open, popular academy for socio-ecological transformation, with a focus on practical solutions and dedicated to an exchange with rural spaces and the global South?

Image 1: Events in the Prinzessinnengarten hut. Photo: Marco Clausen.

Image 2: Post-growth poetry slam and a discussion and film evening about the Landless Workers' Movement in Brazil. Photo: Marco Clausen.

Abb. 1: Veranstaltungen in der „Laube" im Prinzessinnengarten. Foto: Marco Clausen.

Abb. 2: Postwachstums-Poetry-Slam und Gesprächs- und Filmabend zur Landlosenbewegung in Brasilien. Foto: Marco Clausen.

Er brachte uns in Kontakt mit Aktivist*innen, Bäuer*innen und Nachbar*innen in unserem lokalen Umfeld sowie an geografisch weit entfernten Orten. Aus diesen Gesprächen entwickelte sich eine eigenständige selbstorganisierte Bildungspraxis zu Themen wie Gemeingütern, Stadt-Land-Beziehungen, Umwelt- und Klimagerechtigkeit und Ernährungssouveränität. In ihr ging es darum, andere Stimmen hörbar zu machen. Das begann schon 2009 mit einem Jugendbeteiligungsprojekt, in dem Kids aus der Nachbarschaft selbst die „Expert*innen" waren und dafür auch bezahlt wurden. Die Idee entwickelte sich weiter mit der Kampagne von 2012, in der wir mit über 30.000 Unterstützenden den Verkauf der Fläche an einen Investor verhindern konnten und dabei gleichzeitig Fragen der Gentrifizierung, der Finanzialisierung und des *land grabbing* öffentlich diskutierten.

Schließlich bauten wir im Selbstbau mit der „Laube" ein dreigeschossiges Schulgebäude, um aus diesen Ansätzen selbstorganisierter politischer Bildung eine Akademie „von unten" zu entwickeln und diesem alternativen Bildungsraum einen eigenen Ort zu geben. Binnen zehn Jahren organisierten wir insgesamt 69 Workshops und 105 Veranstaltungen in Form von Sommer- und Abendschulen, Film- und Gesprächsabenden, Ausstellungen und künstlerische Interventionen und erreichten, ohne Eintritt zu nehmen, knapp 50.000 Menschen. Eines der zentralen Themen waren die Kämpfe zur Verteidigung von Land, Wasser und Wald als Gemeingüter an so unterschiedlichen Orten wie New York, Belgrad oder in der Lausitz. Wir erinnerten an die vergessenen Geschichten vor unserer eigenen Haustür: an lokale Ansätze für ein ökologisches Quartiersentwicklung in den 1980er-Jahren, erfolgreiche Kämpfe gegen eine geplante Autobahntrasse oder an die Verteidigung des Berliner Grunewaldes gegen „Spekulanten" Anfang des 20. Jahrhunderts, die uns zur Forderung eines „Dauergartenvertrags" inspirierte. Inzwischen ist der ursprünglich am Moritzplatz gegründete Prinzessinnengarten weitergezogen. Für den Moritzplatz haben wir mit dem Bezirk einen Dialog- und Beteiligungsprozess ausgehandelt: Warum hier nicht dauerhaft eine offene populäre Akademie für sozialökologischen Wandel aufbauen, die sich an praktischen Lösungen orientiert und sich dem Austausch mit ländlichen Räumen und dem globalen Süden widmet?

**Production of Food, Water, Energy,
Materials, and of Social and
Economic Resources in the City**

Produktion von Nahrungsmitteln, Wasser, Energie
und Materialien sowie von sozialen und
wirtschaftlichen Ressourcen in der Stadt

1   2   3

4   5   6

7   8   9

10   11   12

1   Frieda Süd, Berlin-Kreuzberg, Photo/Foto: Abhiyan Raj Bhusal, 2020

2   Ton Steine Gärten, Berlin-Kreuzberg, Photo/Foto: Moritz Wette, 2020

3   Ton Steine Gärten, Berlin-Kreuzberg, Photo/Foto: Moritz Wette, 2020

4   Menschenskinder Garten, Berlin-Friedrichshain, Photo/Foto: Johannes Ahrens, 2020

5   Helle Oase, Berlin-Hellersdorf, Photo/Foto: Anna Blattner, 2020

6   Vollguter Gemeinschaftsgarten, Berlin-Neukölln, Photo/Foto: Isabel Rodriguez Lucas, 2020

7   Stadteilgarten Schillerkiez, Berlin-Neukölln, Photo/Foto: Hakan Sarac, 2020

8   Klunkergarten, Berlin-Neukölln, Photo/Foto: Gregor Kusche, 2020

9   Klunkergarten, Berlin-Neukölln, Photo/Foto: Gregor Krusche, 2020

10   Gemeinschaftsgarten Potsdamer Güterhof, Berlin-Schöneberg, Photo/Foto: Yihui Lu, 2020

11   Peace of land, Berlin-Pankow, Photo/Foto: Leon Westermeyer, 2020

12   Nachbarschaftsgarten Alt Treptow, Berlin-Treptow, Photo/Foto: Huixin Lin, 2020

13   14   15

16   17   18

19   20   21

22   23   24

13   Interkultureller Gemeinschaftsgarten, Berlin-Buch, Photo/Foto: Luisa Witthöfer, 2020

14   Rostlaube, Berlin-Schöneberg, Photo/Foto: Shijie Yuan, 2020

15   Stadtacker, Berlin-Tempelhof, Photo/Foto: Hakan Sarac, 2020

16   Stadtacker, Berlin-Tempelhof, Photo/Foto: Hakan Sarac, 2020

17   Inselgarten, Berlin-Schoeneberg, Photo/Foto: Yi Hu, 2020

18   Nachbarschaftsgarten Alt Treptow, Berlin-Treptow, Photo/Foto: Huixin Lin, 2020

19   Nachbarschaftsgarten Alt Treptow, Berlin-Treptow, Photo/Foto: Huixin Lin, 2020

20   Interkultureller Gemeinschaftsgarten, Berlin-Buch, Photo/Foto: Luisa Witthöfer, 2020

21   Ziegenhof, Berlin-Charlottenburg, Photo/Foto: Zhanhui Ren, 2020

22   Omas Garten, Berlin-Wedding, Photo/Foto: Sophie Westphal, 2020

23   Omas Garten, Berlin-Wedding, Photo/Foto: Sophie Westphal, 2020

24   Laskerwiese, Berlin-Friedrichshain, Photo/Foto: Sophie Westphal, 2020

Dr. Anne C. Bellows: Professor of Food Studies, Department of Nutrition and Food Studies, Syracuse University, Syracuse, NY, USA.

Katrin Bohn: Senior lecturer at the School of Architecture and Design, University of Brighton and principal of Bohn&Viljoen Architects, London, Great Britain, and Berlin, Germany.

Marco Clausen: Co-founder of Prinzessinnengarten, Nachbarschaftsakademie (neighborhood academy) and kollektives lernen (collective learning), Berlin, Germany.

Dr. Nevin Cohen: Associate Professor, City University of New York (CUNY), School of Public Health, New York, NY, USA.

Undine Giseke: Professor, Department of Landscape Architecture. Open Space Planning, Technical University Berlin and partner of bgmr Landschaftsarchitekten, Berlin, Germany.

Dr. Mark Gorgolewsk: Professor and Chair of the Department of Architectural Science, Ryerson University, Toronto, Canada.

Toni Karge: Urban planner and community garden representative, Department of Open Space Planning and Urban Green, Berlin Senate for the Environment, Transport and Climate Protection, Berlin, Germany.

Dr. June Komisar: Professor and Associate Chair at the Department of Architectural Science, Ryerson University, Toronto, Canada.

Dr. Carolin Mees: Adjunct Professor at Parsons School of Design at The New School University, New York City, NY, principal of mees architecture, New York City, NY, USA and Berlin, Germany.

Dr. Christa Müller: Sociologist and Director of the research foundation anstiftung, Munich, Germany.

Dr. Joe Nasr: Researcher and lecturer at the Centre for Studies in Food Security, Ryerson University, Toronto, Canada.

Gundula Proksch: Associate Professor at the Department of Architecture and Director of the Circular City and Living Systems Lab, University of Washington, Seattle WA, USA.

Dr. Marit Rosol: Associate Professor and Canada Research Chair at the Department of Geography, University of Calgary, Canada.

Dr. Erika S. Svendsen: Senior Social Research Scientist at the United States Department of Agriculture Forest Service, Northern Research Station, New York City, NY, USA.

Dr. Arnold van der Valk: Emeritus Professor of Land Use Planning, Wageningen University and Research, Wageningen, The Netherlands.

Dr. Kathrin Wieck: Landscape Architect, Adviser at Research Forum City and Climate, Office of the First Vice-President, Department of Research, Appointment strategy, Knowledge and Technology Transfer, Technical University Berlin, Germany.

Dr. Anne C. Bellows: Professorin für Nahrungsforschung, Fachbereich für Ernährung und Nahrungsforschung, Syracuse University, Syracuse, NY, USA.

Katrin Bohn: Hauptdozentin am Institut für Architektur und Design, Universität Brighton und Büroeigentümerin von Bohn&Viljoen Architekten, London, Großbritannien, und Berlin, Deutschland.

Marco Clausen: Mitgründer von Prinzessinnengarten, Nachbarschaftsakademie und kollektives lernen, Berlin, Deutschland.

Dr. Nevin Cohen: Professor, City University of New York (CUNY), Institute für Gesundheitswesen, New York, NY, USA.

Undine Giseke: Professorin, Fachgebiet Landschaftsarchitektur. Freiraumplanung, Technische Universität Berlin, und Teilhaberin des Büros bgmr Landschaftsarchitekten, Berlin, Deutschland.

Dr. Mark Gorgolewsk: Professor und Vorsitzender des Instituts für Architekturwissenschaften, Ryerson University, Toronto, Kanada.

Toni Karge: Stadtplaner und Gemeinschaftsgartenbeauftrager im Referat Freiraumplanung und Stadtgrün, Berliner Senatsverwaltung für Umwelt, Verkehr und Klimaschutz, Berlin, Deutschland.

Dr. June Komisar: Professorin und Stellvertretende Vorsitzende des Instituts für Architekturwissenschaften, Ryerson University, Toronto, Kanada.

Dr. Carolin Mees: Professorin, Parsons School of Design, The New School University, New York City, NY, Büroeigentümerin von mees architecture, New York City, NY, USA, und Berlin, Deutschland.

Dr. Christa Müller: Soziologin und Direktorin der Forschungsstiftung anstiftung, München, Deutschland.

Dr. Joe Nasr: Wissenschaftler und Lehrbeauftragter am Centre for Studies in Food Security, Ryerson University, Toronto, Kanada.

Gundula Proksch: Professorin im Fachbereich Architektur und Direktorin des Circular City and Living Systems Lab, Universität von Washington, Seattle, USA.

Prof. Dr. Marit Rosol: Assoziierte Professorin und Inhaberin des Canada Research Chair, Fachgebiet Geografie, Universität von Calgary, Kanada.

Dr. Erika S. Svendsen: Leitende Sozialwissenschaftsforscherin am United States Department of Agriculture Forest Service, Northern Research Station, New York City, NY, USA.

Dr. Arnold van der Valk: Professor emeritus, Landnutzungsplanung, Wageningen University & Research, Wageningen, Niederlande

Dr. Kathrin Wieck: Landschaftsarchitektin, Referentin im Research Forum City and Climate, Büro der Ersten Vizepräsidentin, Ressort Forschung, Berufungsstrategie und Transfer, Technische Universität Berlin, Deutschland.

Imprint / Impressum

© 2021 by jovis Verlag GmbH
Texts by kind permission of the authors.
Pictures by kind permission of the photographers/
holders of the picture rights.

Design and setting: Sylvan Lanz Studio
Lithography: Bild1 Druck
Typefaces: Osram (Selina Bernet), Times Seven+
Printed in the European Union.

Bibliographic information published by the
Deutsche Nationalbibliothek. The Deutsche Nationalbibliothek lists this publication in the Deutsche
Nationalbibliografie. Detailed bibliographic data are
available on the Internet at http://dnb.d-nb.de.

jovis Verlag GmbH
Lützowstraße 33
10785 Berlin

www.jovis.de

jovis books are available worldwide in select bookstores.
Please contact your nearest bookseller or visit www.jovis.de
for information concerning your local distribution.

ISBN 978-3-86859-703-5 (Softcover)
ISBN 978-3-86859-984-8 (PDF)